SW를 세상에
알리는 **소프트웨어
비즈니스전문가**

청소년들의 진로와 직업 탐색을 위한 잡프러포즈 시리즈 71

SW를 세상에
알리는

소프트웨어
비즈니스전문가

권준혁 지음

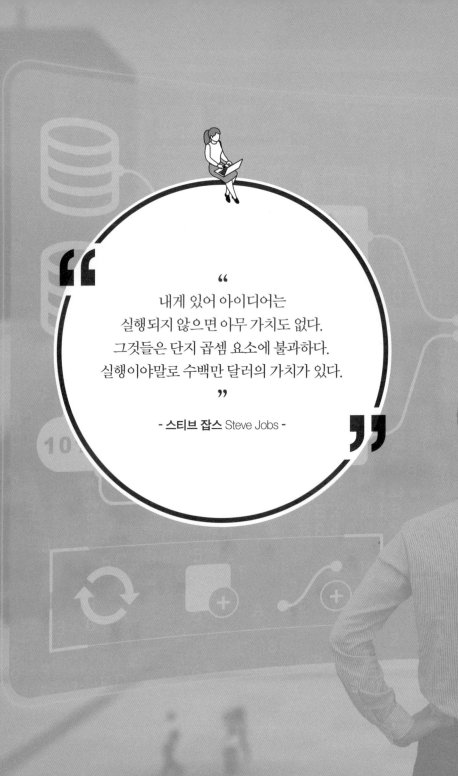

"
내게 있어 아이디어는
실행되지 않으면 아무 가치도 없다.
그것들은 단지 곱셈 요소에 불과하다.
실행이야말로 수백만 달러의 가치가 있다.
"

- 스티브 잡스 Steve Jobs -

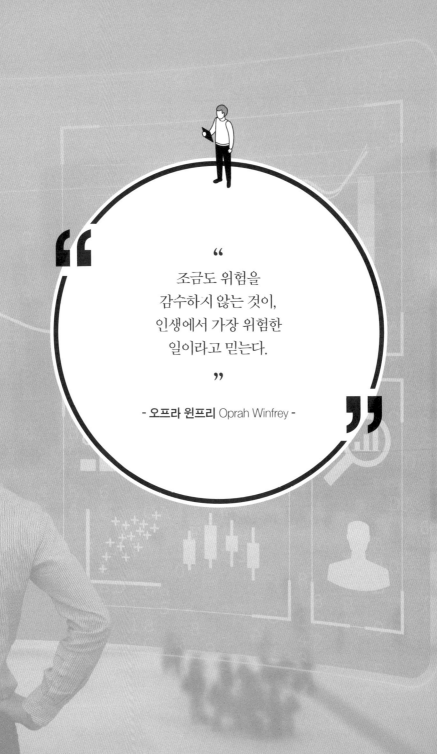

"
조금도 위험을
감수하시 않는 것이,
인생에서 가장 위험한
일이라고 믿는다.
"

- **오프라 윈프리** Oprah Winfrey -

C·O·N·T·E·N·T·S

C·O·N·T·E·N·T·S

청소년 여러분 안녕하세요?
이렇게 여러분을 만나게 되어 반갑습니다.

저는 여러분을 존경합니다.

현재 대한민국의 청소년들은 누구보다도 열심히 살고 있습니다. 하지만 우리 청소년들은 다른 나라의 청소년들에 비해 불행하다는 기사들을 접하곤 합니다. 목표 의식 없는 공부와 대학 진학에 대한 사회의 압박은 세상이 변했음에도 불구하고, 아직도 변함이 없는 것 같습니다. 학창 시절의 성적이 인생을 결정짓지 않는데도 말입니다. 그것보다는 배우고자 하는 열정과 삶을 긍정적으로 바라보는 마음가짐이 더 중요하다고 생각합니다.

저의 학창 시절도 마찬가지였습니다. 대학을 진학하기 위해서 열심히 공부했지만, 명확한 꿈이 없었습니다. 이루고자 하는 목표가 분명하지 않았기에, 대학에 진학해서도 남들이 하는 토익 공부와 스펙 쌓기에 연연했을 뿐입니다. 실질적으로 직장생활이나 저의 커리어에 도움도 안 되는 일을 하느라 너무 많은 시간을 허비했습니다. 오히려 그 시간에 외국어를 좀 더 자연스럽게 할 수 있도록 여러 나라의 친구들과 만나거나, 경험이 많은 선배들을 만나 이야기를 들었다면, 제 인생에 훨씬 많은 도움이 됐을 것입니다.

지금도 무엇을 해야 할지 몰라 고민하거나 방황하고 있는 청소년들에게, 세상에는 정말 많은 기회가 있고, 본인의 긍정적인 태도와 열정으로 갈 수 있는 길들이 충분히 있다는 것을 알려주고 싶습니다. 바로 제가 하는 일도 그 길 중 하나입니다.

꼭 명문대를 나오지 않아도, 영어를 잘하지 않아도, IT 소프트웨어 비즈니스의 길은 누구에게나 활짝 열려 있고, 학력보다는 태도와 열정이 큰 사람을 인재로 봅니다. 여러분들도 알고 있는 유명한 IT 기업들, 그중에서도 세계의 변화를 주도하고 있는 마이크로소프트, 구글, 아마존과 같은 큰 회사들도 한국에 지사를 가지고 있으며, 영업 전문가들을 채용하기 위한 문이 1년 365일 열려 있습니다.

좀 더 자유로운 환경에서 일하고 싶지 않나요? 신입사원에게도 분명한 업무와 책임을 주고, 자신이 노력한 성과만큼 충분히 보상받는 환경에서 일하고 싶지 않나요? 실리콘밸리의 복지를 한국에서도 누려보고 싶지 않나요? 그러한 것들을 한국에 있는 외국계 IT 회사에서도 거의 똑같이 누릴 수 있습니다. 세계 무대에 꿈이 있고, 긍정적으로 사고하는 한국의 청소년들이 이러한 길을 찾아 세계적인 기업에서 배우고 경쟁하고 성장해 나갔으면 하는 바람입니다. 도전한다면 누구에게나 길은 열린다고 생각합니다.

여러분 앞에 놓인 두껍고 높은 문이 열릴 때까지 저도 온 힘을 다해 여러분을 응원하고 함께 하겠습니다.

소프트웨어비즈니스전문가 권준혁 올림

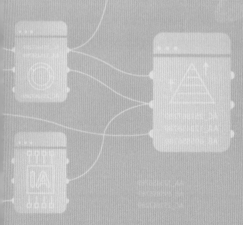

SOFTWARE
BUSINESS

첫인사

편 **토크쇼 편집자**

권 **소프트웨어비즈니스전문가 권준혁**

편 권준혁 이사님, 안녕하세요? 싱가포르에서 한국까지 먼 걸음을 해주셨습니다. 소개를 부탁드려요.

권 안녕하세요. 저는 글로벌 IT 기업에서 한국과 말레이시아의 영업을 총괄하고 있는 권준혁이라고 합니다. 대학에서는 경영학을 전공했고, 한국에 있는 외국계 회사에서도 근무했습니다. 지금은 다른 외국계 회사로 이직하면서 싱가포르에 살고 있습니다. 막연히 해외에서 일하고 싶다고 생각했었는데, 지나고 보니 자연스럽게 이루어졌네요. 현재 한국 및 말레이시아 시장과 관련하여 전략, 마케팅, 채널 관리, 고객 관리 등의 업무를 하고 있으며, 회사를 대표하여 여러 행사 참여와 언론 인터뷰 및 기자 간담회 등도 진행하고 있습니다.

편 소프트웨어 개발은 많이 들어봤는데, 소프트웨어 비즈니스는 생소했어요.

권 그렇죠. 소프트웨어 개발은 정말 멋진 일이에요. 세상에 없던 프로그램을 만들어내는 것은 보람이 있는 일이라고 생각해요. 하지만 소프트웨어를 많은 사람에게 알리기 위해서는 저희 같은 소프트웨어비즈니스전문가가 반드시 있어야 합니다. 이 순간에도 새로운 소프트웨어들이 끊임없이 출시되고 있지만, 빛을 보지 못하고 없어지는 경우가 많습니다. 좋은 소프트웨어가 사람들이 알지 못해서 사라진다면 너무 안타까운 일이잖아요. 그래서 소프트웨어비즈니스전문가는 여러 채널에서 고객이 쉽게 제품을 구매하고 잘 사용할 수 있도록 도와주는 일을 합니다. 비즈니스 전문가가 시장 조사를 통해, 산업 군별, 고객 집단별로 제품에 대한 가치를 재정의하고, 그에 맞는 적절한 마케팅과 영업 활동을 진행하는 것이죠. 이를 통해 고객들이 소프트웨어에 대한 정보를 얻고 구매할 수 있게 되는 것입니다. 이 과정에서 비즈니스 전문가와 개발자 간의 소통이 굉장히 중요합니다. 개발자가 고객이 원하고 필요한 서비스를 적시에 개발할 수 있도록, 고객의 의견과 요구사항을 잘 전달하는 것도 비즈니스 전문가의 중요한 일 중 하나입니다.

편 우리에게 친숙한 글로벌 기업들을 거치셨는데요. 외국 기업에서 근무하는 건 어떤 특별함이 있나요?

권 저는 여러 나라의 회사를 경험한 것은 아니고, 미국에 본사를 둔 IT 회사에서만 일을 해오고 있어요. 굵직한 IT 회사들이 미국에 많이 있어서 그렇겠죠. 제가 일했던 회사들은 모두 세계에서 1위인 제품들을 개발하고 판매하는 곳이었는데요. 그만큼 많은 경험치가 있고, 내부 시스템도 체계적이었습니다.

특히 B2B 세일즈에 대해 프로세스가 잘 정립되어 있고, 교육 체계도 잘 갖춰져 있어서 신입으로 입사해서도 큰 어려움 없이 일을 배울 수 있었습니다. 그리고 회사 내부에서도 연차가 아니라 명확한 성과로 평가받고, 거기에 대한 보상도 공정하게 이루어지는 편이어서, 일을 시작하는 단계에서 특히 만족도가 높은 것 같습니다. 그리고 제가 미국계 IT 회사에서 가장 인상 깊었던 부분은 이직이 자유롭다는 것이었어요. 보통 3년 정도가 되면 이직을 생각하고, 이직하면서 직급과 연봉을 올리는 경우를 쉽게 볼 수 있습니다. 마치 프로 운동선수처럼 성과가 좋은 사람이 있으면, 적극적으로 스카우트 경쟁을 벌이기도 하고요. 이러한 부분들을 회사도 잘 알고 있어서, 다른 회사로 떠나는 사람들을 서로 축하해 주는 분위기예요.

편 청소년들에게 이 직업을 프러포즈하는 이유가 있나요?

권 먼저 한국에서는 아직 글로벌 비즈니스에 대해 잘 모르는 것 같아요. 이렇게 넓게 열려 있는 좋은 기회를 한국의 청소년들에게 알려주고 싶은 마음이 컸습니다. 지금 회사의 첫 직무 교육을 샌프란시스코 본사에서 받았는데요. 전 세계에서 모인 직원들과 함께 교육받는 자리에 한국인은 제가 유일했어요. 다른 아시아계나 인도인들은 많았는데, 한국인은 저 혼자라는 사실이 너무 안타까웠습니다. 그리고 싱가포르에 와서 20대 후배들이 멋지게 고군분투하는 모습을 보면서, 우리나라의 청소년들도 이 일에 대해 꿈을 가지고 성장하여 세계에서 활약하면 좋겠다고 생각했어요. 그렇게 된다면 세계 IT 기업에서 바라보는 한국의 위상도 높아지고, 임원 자리까지 올라가는 한국인이 더 많아지지 않을까요? 현재는 한국인 임원이 거의 없거든요. 단순히 미국 회사의 임원이 된다는 차원이 아니라, 세계 무대에서 일한 경험을 기반으로 본인만의 비즈니스를 시작할 수도 있고, 더 나아가서 한국에서 제2의 구글, 드롭박스가 나올 수도 있잖아요. 생각만 해도 정말 멋진 일인 것 같아요. 청소년 여러분, 미국, 유럽, 싱가포르, 호주, 일본 등 세계를 누비면서 비즈니스 하는 자기 모습을 상상해 보세요.

편 글로벌 기업가로 일하고 싶은 청소년들, 세계를 무대로 활약하고 싶은 청소년들에게 이 책이 중요한 길잡이가 될 것 같습니다. 그럼, 소프트웨어비즈니스전문가의 세계로 들어가 보겠습니다.

SOFTWARE
BUSINESS

소프트웨어 비즈니스란

소프트웨어란 무엇인가요?

편 소프트웨어 비즈니스에 대해 너무 궁금합니다. 먼저 소프트웨어란 무엇인가요?

권 '상상을 현실화시키는 매개체'라고 생각해요. 마법사의 주문처럼 상상한 것을 현실 세계로 불러오는 힘이 있죠. 실제로 많은 소프트웨어가 개발자들의 상상에서 시작하여 만들어지고 태어납니다. 쉽게 설명하면 소프트웨어는 컴퓨터에 어떤 작업을 지시하는 프로그램인데요. 요리사가 어떻게 요리를 만들어야 하는지 알려주는 레시피처럼, 소프트웨어는 컴퓨터가 어떻게 데이터를 처리하고, 문제를 해결해야 하는지 알려주는 역할을 해요. 저희가 흔히 사용하는 스마트폰의 애플리케이션들, 게임들, 그리고 컴퓨터의 워드 프로세서나 다른 프로그램들, 온라인의 교육 프로그램들도 모두 소프트웨어예요.

편 컴퓨터가 일할 수 있도록 지시를 내리는 것이 모두 소프트웨어군요.

권 그렇죠. 컴퓨터는 하나의 깡통이라고 볼 수 있어요. 사용자는 이 깡통을 본인이 원하는 업무나 분야에 사용하려고 하는데, 그 목적에 맞는 지시를 내려주는 것이 소프트웨어입니다. 사용자의 목적에 맞는 기능을 사용하려면 소프트웨어가 꼭 필요한 거죠. 그래서 소프트웨어가 발전하는 속도에 맞춰서 하드웨어도 용량이나 성능 면에서 따라가게 되는 것이고요. 컴퓨터의 발전에 맞춰서 소프트웨어가 발전한다고 생각하는 분들도 있을 텐데요. 오히려 그 반대예요. 소프트웨어의 발전에 맞춰서 하드웨어도 계속 업그레이드됩니다. 사람들이 원하고 필요하다고 생각하는 것들을 구현한 것이 바로 소프트웨어잖아요. 그런 소프트웨어를 사용할 수 있는 환경을 만들기 위해서 하드웨어가 자연스럽게 따라가는 겁니다.

소프트웨어의 역사를 알고 싶어요.

편 소프트웨어의 역사에 대해서 알려주세요.

권 그 역사는 아주 짧은 편이에요. 거슬러 올라가면, 1822년 영국의 찰스 배비지Charles Babbage가 차분기관이라는 것을 처음 만들었는데요. 다항함수를 계산할 수 있는 계산기였어요. 찰스 배비지는 과학자이자, 천문학자이자, 수학자였어요. 이어서 1830년에는 더 복잡한 것을 계산할 수 있는 해석기관도 제작했죠. 지금은 상상할 수 없을 만큼 거대한 계산기예요. 이 기계가 계산할 수 있도록 한 프로그램을 최초의 소프트웨어라고 보고 있습니다. 그리고 20세기에 컴퓨터가 발명되면서, 소프트웨어는 더욱 빠르게 발전합니다. 단순한 계산기를 넘어서 우리가 상상하는 것들을 실제 구현할 수 있게 되었죠. 이후 인터넷의 등장으로 물리적인 한계가 사라지면서, 클릭 몇 번이면 지식과 정보를 공유할 수 있게 되었고요. 최근에는 스마트폰이 컴퓨터의 거의 모든 기능을 할 수 있을 만큼 발전했어요. 이제는 인공지능을 통해 배우고 직접 대화하는 시대에 살아가고 있습니다. 이런 소프트웨어의 역사는 인간이 꿈꾸던 상상을 현실에 창조해 가는 여정이라고 생각해요. 우리가 계속 꿈꾸는 한, 이 여정은 계속될 것으로 생각합니다.

소프트웨어 비즈니스란 무엇인가요?

편 소프트웨어 비즈니스는 잘 들어보지 못한 생소한 일인 것 같아요. 구체적으로 소프트웨어 비즈니스가 어떤 일인지 알려주세요.

권 소프트웨어 비즈니스는 굉장히 광범위한 개념이에요. 쉽게 말하면, 고객이 소프트웨어를 도입하고 사용할 수 있도록 하는 모든 활동이 소프트웨어 비즈니스입니다. 고객에게 소프트웨어를 알리는 PR과 마케팅, 영업 활동, 그리고 고객 관리, 고객사에 구축된 소프트웨어의 테스트, 마지막에 계약을 완료할 때까지의 모든 과정이 소프트웨어 비즈니스에 포함됩니다.

그중 영업 활동을 좀 더 자세히 살펴볼까요? 보통 어떤 업무를 하거나 프로그램을 사용하면서 불편하다고 느끼는 부분들이 다들 있을 거예요. 하지만 그렇다고 해서 모두가 새로운 소프트웨어를 구매하진 않아요. 대부분은 불편해도 그냥 사용하는 경우가 더 많습니다. 영업 활동은 고객에게 이런 상황을 문제라고 인식시키는 것부터 시작합니다. 그리고 이것이 해결되었을 때의 효과에 대해서도 명확하게 제시해야 해요. 그러면 고객이 자신에게 도움이 되는지를 판단하고, 구매에 대해 고려합니다. 그때 고객에게 솔루션을 제안하고 테스트를 진행한 후에 가격 협상을 거쳐 계약까지 완료시키는 모든 과정이 영업 활동입니다. 최근에는 소프트웨어를 도입한 후의 관리도 중요하게 생각해서 고객 관리 전문가가 따로 있기도 합니다. 지속해서 고객사의 관리를 담당하면서, 고객이 소프트웨어의 구독을 유지할 수 있도록 하는 일이에요.

소프트웨어 비즈니스는 어떻게 이루어지나요?

(편) 마케팅, 영업 활동, 정말 여러 가지 일을 하시는데요. 전부 한 사람이 하는 건가요? 소프트웨어 비즈니스가 이루어지는 과정과 역할에 대해 말씀해 주세요.

(권) 제가 하는 B2B 소프트웨어 비즈니스를 기준으로 말씀드릴게요. B2B^Business-to-Business 소프트웨어 비즈니스는 기업을 대상으로 소프트웨어 솔루션을 판매하는 것을 말합니다. 이 일은 회사 규모에 따라서 한 명이 할 수도 있고, 업무를 나눠서 여러 명이 하기도 하는데요. 대부분은 회사에 업무마다 부서가 따로 있는 경우가 많아요. 일반적으로는 단계별로 DGR부터 AM 등으로 나누고, 그 역할마다 담당하는 비즈니스 전문가들이 특정 업무를 수행합니다. 그리고 이 순서에 따라 영업 커리어가 발전하게 되는데, 보통 소프트웨어 비즈니스에 첫발을 딛게 되면 DGR 역할부터 시작한다고 생각하면 될 것 같아요. 단계별 역할과 일련의 영업 과정은 다음과 같습니다.

1. 시장 조사 및 대상 식별 (DGR)

- DGR^Demand Generation Representative: 시장 조사를 통해 잠재 고객을 식별하고, 소프트웨어가 해결할 수 있는

비즈니스 문제나 기회를 파악합니다. 이 단계에서는 고객의 필요와 요구를 이해하는 것이 중요합니다.

2. 초기 접촉 및 관심 유도 (DGR, ISR)

- DGR: 전략적 접근을 통해 잠재 고객과의 첫 연락을 시도합니다. 이는 이메일, 소셜 미디어, 네트워킹 이벤트, 홍보 전화 등 다양한 방법을 통해 이루어질 수 있습니다.
- ISR^{Inside Sales Representative}: 전화, 이메일, 웹 회의 등을 통해 잠재 고객과의 초기 대화를 진행합니다. 이 단계에서는 고객의 관심을 끌고, 제품에 대한 기본 정보를 제공합니다.

3. 고객 니즈 분석 및 솔루션 제시 (ISR)

- ISR: 고객의 상세한 요구사항을 파악하고, 그들의 비즈니스 문제에 맞는 소프트웨어 솔루션을 제안합니다. 이 단계에서는 제품의 데모나 프레젠테이션이 포함될 수 있습니다.

4. 제안 및 협상 (AM)

- AM^{Account Manager}: 고객에게 맞춤 제안을 하고, 가격 등에 관한 협상을 진행합니다. 이 단계에서는 계약 조건을 최종적으로 확정합니다.

5. 계약 체결 및 판매 마감 (AM)

- AM: 고객과의 계약을 체결하고, 판매 과정을 마무리 합니다. 이 단계에서 고객이 제품 구매를 최종적으로 결정하게 됩니다.

6. 후속 관리 및 관계 유지 (CSM)

- CSM^{Customer Success Manager}: 판매 이후에도 지속해서 고객과 관계를 유지하며 관리합니다. 이는 장기적인 고객 충성도와 추가 판매 기회를 창출하는 데 도움이 됩니다.

단계마다 상호 연관되어 있으며, 영업 팀 간의 긴밀한 협력 이 중요합니다. DGR은 시장 개척과 초기 관계 구축에 초점을 맞추고, ISR은 고객과 직접 소통하며 니즈 분석에 중점을 둡니 다. 그리고 AM은 협상과 계약 체결을 담당합니다. 이 모든 과 정은 고객의 필요를 충족시키고, 장기적으로 지속 가능한 비

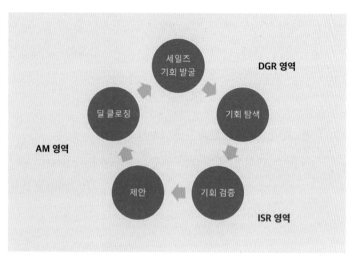

간략하게 정리한 B2B IT Sales Cycle

즈니스 관계 구축을 목표로 합니다.

소프트웨어 비즈니스는 왜 필요할까요?

편 그럼, 소프트웨어 비즈니스가 왜 필요할까요?

권 지금 거의 모든 회사가 IT 기술 위에 존재한다고 해도 과언이 아니죠. 실제로 IT 기술을 토대로 모든 운영이 이루어지고 있어요. 기업의 방향이나 전략을 설정할 때도 IT 시스템이 뒷받침되지 않으면, 실현되기 어렵고, 계획에서 끝나버리게 됩니다. 또 회사의 경영뿐 아니라, 업무의 효율성을 높이기 위해서도 소프트웨어는 꼭 필요하죠.

예를 들면, 많은 기업이 ERP라는 소프트웨어로 전사적 자원관리를 하는데, 경영자가 이 시스템을 통해서 회사의 현황을 한눈에 볼 수 있어요. 그리고 세일즈팀을 관리하는 CRM이라는 소프트웨어도 있는데요. 고객과 각 프로젝트의 상황들을 시스템에 업데이트하면, 그 정보들이 축적되고 팀 내에서도 공유할 수 있어요. 그리고 저희가 설계할 때 쓰는 Auto CAD라는 소프트웨어도 있어요. 이 소프트웨어가 나오기 전에는 공장 하나를 설계하기 위해서 수백 명의 사람이 자로 재서 손으로 도면을 그릴 수밖에 없었어요. 그런데 이 프로그램이 나온 후에는 설계하는 인원과 시간은 크게 줄이면서 정확도는 올라가게 됐죠. 건축뿐만 아니라 엔지니어링, 제조 분야에서도 사용되고 있고요.

소프트웨어가 이미 세상의 발전을 주도하면서 획기적으로 개선해 나가고 있어요. 그래서 소프트웨어 비즈니스를 하는 회사들이 각 기업의 필요에 맞는 새로운 소프트웨어를 개발하고, 원하는 방향으로 갈 수 있도록 지원하는 일을 하고 있습니다. 꿈꾸는 것을 기술로써 실현할 수 있도록 도와주는 중요한 역할이에요. 그래서 앞으로 더 많이 필요하고, 발전할 수 있는 분야라고 생각합니다.

소프트웨어 개발은 어떤 계기로 시작되나요?

편 소프트웨어는 고객의 요청이 있어야 개발하나요? 아니면 시장의 흐름을 보고 먼저 개발하기도 하나요?

권 둘 다인 것 같아요. 우리 회사를 예로 말씀드리면, 창업자가 MIT 대학생 시절에 USB를 놓고 가서 회의를 망친 경험이 있었대요. 그래서 언제 어디서든 자신이 작업했던 파일을 볼 수 있는 프로그램을 만들기 시작했다고 해요. 그게 창업으로 이어졌고요. 애플이나 어도비 같은 회사들도 거의 이런 식으로 탄생했다고 알고 있어요. 소프트웨어가 상상을 현실화시키는 매개체라고 말씀드렸듯이, 어떤 필요가 상상력을 만나고 그것을 구현하려는 노력이 있을 때 소프트웨어로 만들어져요. 그래서 고객의 요청으로 만들기도 하고, 먼저 만들어서 제안하기도 해요.

그리고 개발하는 것으로 끝나는 게 아니라, 계속 사용자의 의견을 듣고 수렴하는 과정이 있어요. 개발자들이 고객의 의견을 확인하고, 회사의 방향이나 비전에 맞춰서 소프트웨어를 끊임없이 개선하고 발전시켜 나갑니다. 요즘은 프로그램을 거의 구독하는 방식으로 사용하는데, 구독하는 동안에도 계속 기능이 추가되고 업그레이드되는 거예요.

소프트웨어 글로벌 비즈니스의 역사를 알고 싶어요.

편 소프트웨어 글로벌 비즈니스의 역사도 궁금합니다.

권 소프트웨어가 글로벌 비즈니스로 발전하는데 한 회사의 역할이 정말 컸는데요. 바로 'IBM'입니다. IBM은 세계 2차 세계 대전을 거치면서, 전 세계에 지사를 갖게 되었어요. 그렇게 초거대 다국적 IT 기업이 탄생하면서, 전 세계에서 IBM의 하드웨어와 소프트웨어를 사용하게 되었죠. 이게 소프트웨어 글로벌 비즈니스의 시초라고 볼 수 있습니다. 다만 그때는 소프트웨어를 하드웨어의 부속품처럼 생각했다는 것이 재밌는 부분이에요. 하드웨어를 사면 소프트웨어를 사은품처럼 끼워서 판매했어요. 지금은 하드웨어보다 소프트웨어가 비싼 경우도 많거든요.

이후 1990년대 말부터 인터넷이 상업적으로 사용되면서 세계 시장의 문이 더 활짝 열렸어요. IT 기업들이 전 세계의 고객과 더 손쉽게 연결할 수 있는 플랫폼을 확보하면서, 소프트웨어 비즈니스 활동이 글로벌로 이어졌고, 국경을 넘어 제품과 서비스를 판매할 수 있게 되었습니다. 그 무렵에 이전까지는 IBM에 납품하기 위해 MS-DOS를 주력으로 하던 마이크로소프트가 윈도 95를 새로 출시하면서, 일반 대중이 MS 운영체제 및 소프트웨어를 본격적으로 사용하기 시작해요. 그러면서 마이크로소프트가 IT 기업으로서 독보적인 글로벌 회사로 성장하게 됩니다. 다른 글로벌 IT 기업들도 비슷한 시기에 더 많이 생겨나고 성장하게 돼요.

그리고 점차 웹사이트, 소셜 미디어, 온라인 광고, 이메일 마케팅 등의 디지털 영업 채널이 다양화되면서, IT 영업에서 지역적인 제한은 의미가 없어집니다. 전 세계 소비자들이 언제 어디서나 온라인을 통해 제품의 정보를 얻고 구매할 수 있게 된 거죠. 다만 기업 시장은 나라마다 규제와 비즈니스 관행이 달라서 현지화가 꼭 필요합니다. 그래서 IT 기업들이 나라마다 지사를 두고 영업팀을 운영하면서, 파트너와의 협력을 강화하고 있는데요. 이를 통해 현지 시장에 대한 정보를 확보하고 적응하면서 문화, 법률, 사용자 등을 고려한 비즈니스 전략을 세우고 있습니다. 그래서 현지 파트너와의 영업은 세계 시장 진입에서 중요한 발판이 되는 부분이에요.

이것이 지금 바로 제가 하는 일입니다. 한국 현지의 파트너와 협력 체계를 만들고, 현지화에 대한 전략 및 한국 고객을 위한 업무들을 하고 있어요.

소프트웨어는 앞으로 어떻게 발전할까요?

편 소프트웨어는 앞으로 어떻게 발전할까요?

권 솔직히 저도 이 부분이 굉장히 궁금합니다. 왜냐면 소프트웨어의 발전을 알면, 앞으로 세상이 어떻게 변할지 알 수 있으니까요. 짐작해 보자면, 현재 IT 업계에서 가장 큰 화두는 AI, 인공지능이에요. 대용량의 데이터를 처리하는 머신 러닝Machine Learning이란 기술이 뒷받침되면서 더 빠르게 발전하고 있죠. 아마도 지금은 제품별로 고객에게 제공되고 쓰이고 있는 것들이, 나중에는 하나의 AI로 통합되리라 예상합니다.

예를 들어 지금은 노트북, 핸드폰, 패드, 이어폰, 시계 등등 다양한 제품들이 나오고, 고객들이 다 따로 구매해서 사용하고 있잖아요. 하지만 미래에는 하나의 디바이스에, 하나의 소프트웨어가 모든 기능을 할 수 있게 되는 거죠. 그렇게 되면 거실에서 TV가 사라지고, 손에서 핸드폰이 사라지고, 이어폰도 사라지겠죠. 단순히 얼굴에 착용하는 기계 하나로 모든 것을 구동하고 처리할 수 있는 세상, 전 세계가 동일한 것을 경험할 수 있는 세상이 올 거예요.

하지만 이런 부분에 대해 사회적으로 우려가 많은 것도 사실입니다. 왜냐하면, 이렇게 모든 것이 통합되고 단순화된다는 것은, 결국은 몇몇 거대한 IT 회사들이 만든 소프트웨어가 국제적인 기준이 되고, 모든 것을 장악할 만큼의 영향력을 가지게 될 수도 있다는 의미니까요. 또 이 과정에서 정보의 독점과 개인 정보에 대한 이슈들이 분명히 나올 수밖에 없고요. 이미 각국 정부가 법안을 통해 이러한 문제점들을 예방하기 위해 노력하고 있지만, 아직은 기술의 발전을 따라가지 못하는 것 같아요.

편 너무나도 중요한 주제인 것 같습니다. 우리 학생들이 이런 내용을 미리 접하면서 한 번 더 생각해 보는 기회가 되면 좋을 것 같아요.

SOFTWARE
BUSINESS

소프트웨어
비즈니스
전문가의 세계

소프트웨어비즈니스전문가는 어떤 직업인가요?

편 소프트웨어비즈니스전문가는 어떤 직업인가요?

권 일단 소프트웨어비즈니스전문가는 고객들이 필요로 하는 IT 솔루션 및 컨설팅을 제공하는 일을 합니다. IT 기술을 이용하여 고객이 상상하고, 이루고자 하는 부분을 실제로 현실화할 수 있도록 지원하는 역할이죠. 기업의 디지털 트랜스포메이션Digital Transformation, 디지털 역량을 활용하여 외부 환경에서 획기적인 변화를 추진하는 지속적인 프로세스을 도와주는 파트너로서 고객사가 혁신의 길에 들어설 수 있도록 도와줍니다.

외국계 IT 기업의 경우에는 소프트웨어비즈니스전문가가 각 나라의 지사를 대표하게 되는데요. 이런 비즈니스 전문가를 영업 대표라고 합니다. 영업 대표가 프로젝트에 필요한 인력, 비용, 투자 등을 유관부서와 협의하여 선정하고 결정하는 모든 과정을 이끌어가고, 그 내용을 바탕으로 회사의 승인을 받아서 모든 일을 진행합니다. 영업 대표가 고객과 직접 커뮤니케이션하고 솔루션을 제안하기 때문에 많은 결정 권한을 갖게 되는 겁니다.

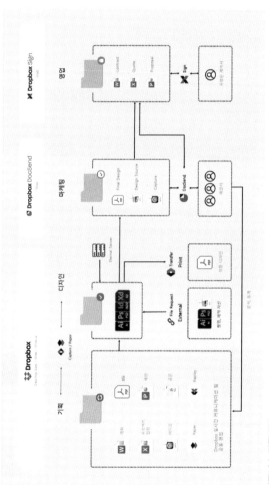

비즈니스 전문가편

영업하는 소프트웨어를 소개해 주세요.

편 이사님이 영업하고 있는 소프트웨어를 소개해 주세요.

권 요즘은 회사의 규모가 커지면서 물리적으로 떨어져서 일하는 부서들이 생기고, 업무를 하면서 사용하는 애플리케이션과 프로그램들도 다양해지고 있습니다. 또 코로나 등의 위기 상황을 맞이하면서 유연하게 일해야 하는 경우도 많아지고 있고요. 이러한 상황에서 하나의 통합된 플랫폼을 통해 업무를 조금 더 쉽고 단순하게 할 수 있도록 도와주는 소프트웨어입니다. 전 세계 어디에서나 인터넷만 연결되어 있으면 누구라도 정보를 확인하고 공유할 수 있도록, 클라우드에서 관리하는 IT 환경을 제공하는 것이죠.

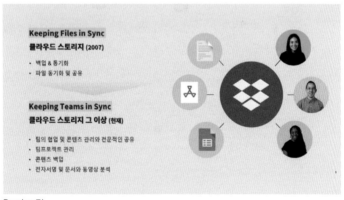

Dropbox란

이 직업에서 중요한 것은 무엇일까요?

편 이 직업에서 중요한 것은 무엇일까요?

권 저는 창의력과 실행력이라고 생각합니다. 고객이 생각하지 못했던 해결 방안을 먼저 생각해 내서 제시하려면 창의력이 중요한 것 같아요. 그리고 그 생각을 빠르게 실행할 수 있는 실행력도 필요하고요. 생각만으로는 결과를 만들어낼 수 없으니까요. 이 두 가지를 갖고 있어야 영업직으로서 성과도 낼 수 있고, 회사에서도 인정받으면서 빠르게 성장할 수 있다고 생각해요.

또 커뮤니케이션을 잘하는 것도 중요합니다. 우선 고객과 커뮤니케이션을 통해 문제를 정확하게 파악해야 그에 맞는 솔루션을 제안하고 정확한 정보를 전달할 수 있어요. 이 과정이 중요합니다. 솔루션이 진행된 후에도 만족도를 높이기 위해서는 지속해서 커뮤니케이션해야 하고요. 그리고 고객의 문제를 해결하기 위해서는 결국 내부적으로 여러 부서의 도움과 지원을 받아야 하거든요. 그래서 회사 안에서도 여러 부서와 커뮤니케이션을 잘해야 합니다. 영업에서는 커뮤니케이션이 정말 중요한 덕목 중 하나예요.

다른 영업직과 구별되는 특징이 있나요?

편 소프트웨어 비즈니스가 다른 영업직과 구별되는 특징이 있을까요?

권 B2B 소프트웨어 비즈니스의 고객은 개인이 아니라 기업들이에요. 그래서 기업의 문제를 해결하고 도와주는 사람으로 인식되는 경우가 많은 것 같아요. 고객들이 자신들의 문제에 대해 먼저 얘기해 주고, 자문하는 경우가 많아요. 그리고 고객에게 맞는 솔루션을 제안하기 위해 많은 기술적 지식을 갖고 있어야 해요. 최소한 고객보다는 많이 알고 있어야 하고, 특히 자신이 판매하는 제품과 그 시장에 대해서는 누구보다도 많이 알아야 하죠. 저는 이 부분이 중요하다고 생각해요.

그리고 기업은 대부분 구매를 담당하는 부서와 실제 사용하는 부서가 달라요. 현업 부서의 요구를 파악할 수 있어야 거기에 맞는 제안을 할 수 있고, 또 이 프로젝트의 진행 여부를 결정하는 경영진에게도 승인받아야 해요. 그리고 회사와 고객이 모두 만족하도록 가격 협상^{Negotiation}까지 조율할 수 있어야 최종 단계까지 마무리할 수 있죠. 그래서 전체적으로 아우르는 능력이 필요합니다. 이게 다른 영업직과의 차이인 것 같아요.

소프트웨어에 대한 확신은 어떻게 갖는 건가요?

편 소프트웨어에 대한 확신이 있으면 비즈니스를 더 잘할 수 있을 것 같아요.

권 네. 중요하죠. 스스로 좋다고 생각하는 소프트웨어라면 더 자신 있게 영업할 수 있으니까요. 무엇보다 자신이 영업하는 소프트웨어에 대해서 열심히 공부하고 잘 알고 있으면, 거기에 대한 확신은 자연히 따라온다고 생각합니다. 고객의 입장이 되어서 직접 제품을 사용해 보는 것도 좋은 방법이고요.

편 혹시 그 소프트웨어가 고객에게 맞지 않거나 단점이 있는데도 영업한 적이 있으세요?

권 그런 적은 없었던 것 같아요. 물론 저희 제품이 모든 면에서 완벽할 수는 없겠죠. 그건 모든 소프트웨어가 마찬가지일 거예요. 그래서 부족한 부분에 대해서는 고객에게 미리 설명합니다. 그래야 나중에도 문제가 없고, 고객의 신뢰도 잃지 않을 수 있어요. 무조건 저희 제품이 완벽하다는 식으로 영업하지는 않습니다. 그래서도 안 된다고 생각하고요.

좋은 소프트웨어와 나쁜 소프트웨어의
기준이 있나요?

편 많이 사용하는 게 좋은 소프트웨어인가요?

권 글쎄요. 그렇진 않은 것 같아요. 정말 좋은데도 마케팅에 실패해서 사라지는 안타까운 사례가 많이 있어요. 소프트웨어 자체가 나쁜 경우보다, 영업 방식이 잘못된 회사들은 좀 있는 것 같아요. 처음에는 무료로 사용하게 하고, 나중에 비용을 청구하거나, 소송하는 경우도 있더라고요.

편 영업 전문가의 입장에서 좋은 소프트웨어와 나쁜 소프트웨어의 기준이 있을까요?

권 개발의 목적에 따라 나눌 수 있을 것 같아요. 예를 들어 랜섬웨어 같은 경우가 대표적인 나쁜 소프트웨어라고 할 수 있겠죠. 이는 목표로 삼은 기업에 막대한 피해를 볼모로 거액을 요구하는 행위인데요. 기사를 접할 때마다 안타깝게 생각하고 있습니다. 하지만 대부분은 목적에 맞게 고객의 문제를 해결하고, 비즈니스에 대한 명확한 가치를 제공하기 위해 만드는 좋은 소프트웨어라고 생각해요. 거기에 사용하기도 편하고, 지원 및 교육 체계도 잘 갖추고 있다면 더 좋겠죠.

영업 전략은 어떻게 세우는 건가요?

편 영업 비즈니스를 하려면 어떻게 전략을 세우느냐도 중요할 것 같아요. 영업 전략은 어떻게 세우나요?

권 영업 전략은 기본적으로 1년, 그리고 분기마다 나눠서 세워요. 먼저 1년의 매출 목표는 지난해의 결과와 경제 상황을 반영하여 세웁니다. 큰 영업의 방향과 더 집중할 부분을 결정하고요. 마케팅팀과 연계한 계획도 포함합니다. 이 목표를 분기로 나눠서 분기 영업 전략을 세우게 되는데요. 각 영업팀에서 연간 계획보다 좀 더 세부적으로 계절이나 시기성을 반영하고, 각 팀의 판단, 여태까지의 매출 트렌드, 그리고 예상되는 거래의 진행 상황에 따라서 배분을 다르게 할 수 있습니다. 거기에 각 담당자가 어떤 목표를 가지고 일할 것인지 정하고, 매니저와 공유해서 목표를 잡습니다. 주마다 회의를 통해서 팀끼리 진행 상황을 공유하고, 지원이 필요한 부분을 요청하기도 합니다. 이렇게 정해진 연간 영업 전략과 분기 영업 전략은 기술팀과 마케팅팀도 함께 공유합니다. 직접적으로 영업을 지원해 주는 팀이라서 영업 전략에 대해 잘 이해하고 있어야 하거든요. 그 이후에 영업 전략을 기반으로 기술팀과 마케팅팀도 전략을 세우게 됩니다.

기억에 남는 비즈니스 경험이 궁금해요.

편 오랫동안 이 일을 해오면서 여러 가지 일들이 있었을 것 같아요. 기억에 남았던 경험들이 듣고 싶어요.

권 네. 물론 좋은 일들도 많았지만, 그래도 어렵고 힘들었던 경험이 기억에 더 또렷이 남는 것 같아요. 저도 정말 힘들 때 가 몇 번 있었습니다. 첫 번째로, 이전 직장에서 제가 한국에 서 가장 큰 총판사를 담당한 적이 있었어요. 처음 맡을 당시 에 제가 해당 분야의 경험이 많이 없었고 연차도 얼마 안 되어 서, 그 총판사에서는 걱정이 많았던 모양이에요. 증명되지 않 은 담당자가 배정되었다고 계속해서 불만을 표현했어요. 회의 하는 자리였는데도 불만만 얘기하니까 그 자리를 박차고 나가 고 싶을 만큼 화가 나더라고요. 무척 힘들었어요. 그래도 꾹 참 고 제가 할 수 있는 일을 할 수밖에 없잖아요. 그래서 그 총판 사에서 중요하게 생각했던 고객사를 열심히 영업 지원했어요. 하루에 네 건 이상의 고객사 회의를 계속 진행했거든요. 그렇 게 한 달쯤 지나니까 어느새 그 총판사의 팀원들과 관계도 좋 아지고, 저를 믿기 시작했어요. 나중에 이직한 후에도 함께 일 할 정도로 신뢰할 수 있는 파트너가 됐고요. 지금 이 회사에서 한국 비즈니스가 빠르게 성장할 수 있었던 이유 중 하나도 이 총판사와의 신뢰가 크게 작용했다고 생각합니다. 만약 제가 그때 힘들다고 포기하고 다른 총판사를 담당했다면, 아마 제가 이 자리에 있지 못했을 것 같아요.

그리고 첫 직장에서 가장 관계가 좋지 않던 고객사를 배정받은 적도 있었어요. 베테랑 선배가 담당했던 고객사였는데, 회사 정책으로 고객사와의 관계가 급속도로 나빠져서 담당자를 바꾸게 된 경우였죠. 저 혼자 바로 담당할 수 없을 정도로 큰 고객사여서, 처음 몇 달은 담당했던 선배가 매주 같이 방문하면서 도와주셨거든요. 그런데도 어떤 때는 CEO가 크게 언성을 높이고 화를 내는 일도 있었어요. 그렇게 1년간 실무자부터 CEO까지 계속 만나면서 관계를 정상화하려고 애썼는데, 결국 노력한 만큼 결과를 얻진 못했습니다. 하지만 개인적으로는 대형 고객사를 경험하면서 고객사 전체 시스템에 대해 이해할 수 있었고, 경영진이나 임원분들에 대한 두려움도 없앨 수 있었어요. 또 영업에 대한 저의 관점도 많이 넓어지고 성숙해지는 시간이었다고 생각합니다. 시간이 지나서 보니 그 모든 게 큰 재산이 된 것 같아요.

협업하는 일이 많은가요?

편 다른 회사나 다양한 분야의 사람들과 협업하는 일이 많은가요?

권 영업은 늘 협업해야 하는 일이에요. 다른 회사와 협업하는 경우는 정말 많습니다. 주로 노트북 제조사나 솔루션 회사와 협업하는 일이 많은데요. 노트북에 소프트웨어를 미리 탑재해서 함께 판매하기도 하고요. 솔루션 회사와 사전에 연계해서 기능을 서비스하기도 합니다. 이런 경우에 고객들의 만족도도 높은 편이에요. 또 여러 협회나 학회에서 소프트웨어의 도입 사례에 대한 자료를 요청해 오는 경우들이 있습니다. 꼭 IT나 소프트웨어 분야가 아니더라도 해당 산업군에 소프트웨어를 소개하고 제품에 대한 인지도를 높이는 좋은 기회죠. 어떤 분야든 함께 할 수 있는 일이 있다면 늘 기쁘게 참여하고 있습니다. 그리고 외국에 지사가 있는 경우는 다른 나라에 있는 동료들과 협업하는 일도 생깁니다. 저도 다른 나라의 동료가 외국 지사의 서비스를 국내에 지원해 줘서 프로젝트를 성공적으로 진행했던 경험이 있어요. 서로 실적도 공유하니까 일석이조인 셈이죠.

어도비와 마이크로소프트의 협업

가장 많이 만나는 사람들은 누구인가요?

편 이 일을 하면서 가장 많이 만나는 사람들은 누구인가요?

권 저의 현재 업무 기준으로, 우선 저희 제품을 판매하는 한국 총판사들과 많이 만나요. 영업 전략을 같이 공유하는 부분들이 많거든요. 그리고 총판사 말고 파트너사라고 해서, 마찬가지로 저희 제품을 판매하는 대리점사들도 많이 만납니다. 그리고 당연히 고객들도 많이 만나고요.

편 고객과는 어떤 이야기를 나누나요?

권 우선 고객들이 저희를 만날 때 이미 뚜렷한 목표를 갖고 오기 때문에, 기술적으로 구현할 수 있느냐 없느냐에 대한 구체적이고 세부적인 이야기들을 많이 나눕니다. 그리고 저희가 기술적으로 구현할 수 있으면, 실제 테스트하는 단계로 넘어가는데요. POC Proof of Concept라고 아직 시장에 나오지 않은 제품의 사전 검증 단계가 있어요. 고객이 원하는 기능을 시나리오로 만들어서 제공하면, 고객이 직접 기능을 테스트하면서 확인하고 증명하는 과정이죠. 그 기간에도 계속 소통하며 확인하고요. 이 단계를 통과하면 가격 협상 단계로 넘어가요. 이런 과정으로 영업을 진행하는데, 그 단계마다 계속 만나는 사람이 바뀌어요. 현업팀, 기술팀, 구매팀, CFO 같은 결정권자들까지 하나의 프로젝트를 하면서도 많은 사람을 만나게 돼요.

편 총판사나 파트너사라는 말이 어려운 것 같아요. 알기 쉽게 설명해 주세요

권 총판사는 한국에서 저희 제품을 책임지고 판매하는 곳인데요. 저희 같은 외국계 IT 기업에 있어서 중요한 곳이에요. 한국 시장에 대한 이해와 진출 전략뿐 아니라, 파트너사들과의 관계를 유지하면서 전국적인 판매망과 서비스망을 갖추고 있어서 현지화에 대한 부담을 해소해 주고 있습니다. 또 제조사(벤더 업체)와 파트너사 간의 금융적인 부분에 대해서도 총판사가 중간에 고리 역할을 해서 현지 판매를 더 쉽게 할 수 있도록 도와줍니다. 그리고 파트너사는 쉽게 말해 대리점이라고 생각하면 될 것 같습니다. 고객이 직접 계약하고 구매할 수 있는 접점에 있는 회사들이고, 고객과 밀접한 관계를 형성하고 있어요. 그리고 우리 제품만을 판매하는 것이 아니라 다양한 회사의 제품을 함께 취급합니다. 또 공인 대리점들은 제조사의 교육을 받아, 고객들에게 제품 관련 교육과 컨설팅 서비스 등도 제공하고요.

편 총판사와 파트너사의 역할도 중요하겠네요.

권 네. 맞습니다. 제가 현재 회사로 이직하고 4년 정도 되었는데요. 그전부터 한국에서 저희 제품을 판매하던 파트너사가 있었어요. 그 파트너사의 사장님이 정말 열정적이세요. 얼마나 이 제품에 애정이 있는지 한참 설명해 주셨던 게 생각나네요. 제가 다른 회사로 가더라도 자신은 끝까지 이 제품을 팔고 싶다고 말씀하실 정도였어요. 실제로 이 제품의 성공을 위해서 정말 많은 노고를 해주셨고, 아낌없이 시간을 투자해 주셨어요. 아직도 파트너사로서 너무 잘해주고 계십니다. 저도 이런 마음으로 일할 수도 있다는 걸 배울 수 있었어요. 하지만 모든 파트너사가 이렇게 열정적인 건 아니에요. 그래도 채널 비즈니스를 하는 데 파트너사의 역할이 매우 커서 관계를 잘 유지하려고 늘 노력하고 있습니다.

편 채널 비즈니스가 뭔가요?

권 채널 비즈니스란, 기업이 판매 증진이나 시장 확장을 위해서 비즈니스 파트너십을 통해 활로를 개척하는 활동을 말합니다. 말이 좀 어렵죠. 쉽게 설명하면, 제조사가 직접 판매하지 않고, 여러 유통 채널을 통해 시장을 넓히는 비즈니스 방식입니다. 예를 들어, 저희가 핸드폰을 삼성전자에서 직접 사기도 하지만, 대리점, 판매점 같은 다양한 유통 경로를 통해서 구매하기도 하잖아요. 소프트웨어도 마찬가지입니다. 우리 회사의 제품을 온라인에서 직접 구매할 수도 있지만, 다른 채널을 통해서 구매할 수도 있는 거죠. 그리고 이런 유통 채널을 통해 구매하면 설치나 교육 관련 서비스도 제공하고, 큰 규모의 고객들에게는 컨설팅이나 도입 후의 관리도 함께 진행하고 있습니다. 채널을 통해 판매하면 제조사가 가져가는 이익은 적지만, 더 폭넓은 고객을 확보할 수 있고, 파트너사가 제조사를 대신하여 고객을 응대해 주기 때문에, 비즈니스를 더 체계적으로 할 수 있다는 장점이 있습니다. 또 기업을 대상으로 하는 B2B 비즈니스는 고객 서비스가 중요한 부분이거든요. 하지만 제조사가 고객에게 직접적으로 모든 서비스를 제공하기에는 어려움이 따릅니다. 바로 이 부분에 대해 채널의 도움을 받는 거죠. 그래서 민감한 비즈니스 중 하나예요. 아무래도 유통 채널인 파트너사들의 입장에서는 이익이 더 크고 고객들이 많이 찾는 제품을 취급하려고 하거든요. 그래서 언제든 고객에게 다른 회사의 제품을 제안할 수 있습니다. 그런 일을 방지하고 파트너사들이 우리 비즈니스에 집중할 수 있도록 끊임없이 프로그램을 개발하고, 교육을 제공하고, 함께 세일즈 전략을 짜는 등 관계를 유지하면서 관리하는 것이 중요합니다.

소프트웨어의 종류가 궁금해요.

📄 소프트웨어의 종류가 궁금해요.

📄 서비스하는 방식으로 나누면 크게 구축형 소프트웨어와 구독형 소프트웨어가 있습니다. 구축형은 온프레미스^{On-premise}라고 해서 서버를 고객사 내에 설치하여 서비스하는 방식입니다. 그래서 고객사가 이 서비스에 대한 전반적인 운영을 책임지고, 보안 설정 등에 대해서 자체적으로 레벨을 설정할 수 있어요. 따라서 구축형 방식은 민감한 데이터를 다루는 금융권이나 대기업에 적합한 방식입니다. 초기에 서버 및 소프트웨어 구매 비용이 크게 들어가는 대신 시간이 지날수록 유지 보수 비용이 줄어드는 장점이 있습니다.

그리고 구독형은 SaaS^{Software as a Service}라고 클라우드 기반으로 서비스하는 방식인데요. 기성복처럼 정형화되어 바꿀 수 없는 프로그램을 대상으로 하고, 서비스를 제공하는 제조사가 운영, 유지, 보수 및 관리를 합니다. 인터넷이 연결된 곳이면 언제 어디서나 사용할 수 있다는 편리함이 있으며, 유연성이 필요한 조직 및 업무에 적합합니다. 구독형은 구축형보다 초기 비용이 적게 들고, 언제라도 서비스를 중단할 수 있다는 장점이 있습니다.

편 구축형 소프트웨어는 테스트하는 과정이 꼭 필요하겠네요.

권 테스트는 구축형과 구독형 모두 필요합니다. 구축형은 고객에게 맞게 설계하고 수정하는 프로그램이기 때문에 테스트가 필요하고요. 구독형 소프트웨어도 워낙 기능들이 많아서 테스트를 진행합니다.

편 그럼, 고객사에 맞춰서 제작하는 구축형 소프트웨어가 훨씬 비싸겠네요.

권 꼭 그렇진 않아요. 구축형 소프트웨어는 한 번 구매하면 5년이든, 10년이든 사용할 수 있고, 구독형은 1년에 한 번씩 사용료를 내는 형식이거든요. OTT를 구독하는 것과 비슷하다고 생각하면 될 것 같아요. 그 가격은 해마다 달라지기도 하고요. 총소유비용TCO, Total Cost of Ownership이라고 해서 실제로 고객들이 구매 단계에서의 비용을 계산하는데요. 구축형으로 1억 원이면, 5년을 기준으로 생각했을 때 해마다 2천만 원이죠. 그런데 구독형으로 1년에 3천만 원씩이면, 5년에 1억 5천만 원이 되잖아요. 결과적으로는 구독형의 비용이 더 크게 됩니다.

편 고객은 구축형으로 구매하는 게 더 유리하겠네요.

권 어느 쪽이 더 유리하다고 말하긴 어려워요. 고객사의 상황과 어디에 중점을 두느냐에 따라 결정하게 됩니다. 보안이 중요하다면 구축형이 더 낫고, 반대로 유연성과 효율을 중시한다면 구독형을 선택하는 것이 더 좋습니다. 그렇다고 구독형이 보안이 부족한 것은 아니에요. 다만, 데이터의 보관을 기업 내부에 하느냐, 외부에 하느냐에 따라 다른 것입니다. 법규나 회사 규정상으로 외부에 데이터를 두는 것이 안 되는 경우도 있거든요. 최근에는 많은 기업이 보안보다는 유연성과 효율에 더 무게를 두면서 구독형으로 많이 옮겨오는 추세입니다. 구독형은 유지나 보수를 제조사가 담당하면서 기업 내부에 서버 관리자를 둘 필요가 없어요. 자연히 초기의 도입 비용뿐 아니라, 총소유비용도 절감하는 효과가 있습니다. 또 기업의 상황에 따라 탄력적인 운영이 가능해서 라이선스 수량을 줄여서 비용을 절감할 수도 있고, 인원이 증가했을 때도 바로 라이선스 수량을 늘려서 빠르게 대응할 수 있으니까요.

전문가로서 특별히 노력하는 부분이 있나요?

편 소프트웨어비즈니스전문가로서 특별히 노력하는 부분이 있을까요?

권 지금은 운영이나 관리 업무를 더 많이 하고 있지만, 실제 영업할 때는 고객과의 신뢰를 쌓기 위해서 많이 노력했어요. 그게 가장 기본이 된다고 생각해요. 경험상으로 보면, 처음부터 너무 일과 관련된 이야기만 해서는 신뢰를 쌓기 어렵더라고요. 그래서 일단 자주 찾아갔어요. 계속 만나면서 어느 정도 신뢰가 생기면, 고객들이 자신들이 필요한 부분을 자연스럽게 얘기해 주거든요. 그런 관계를 맺기 위해서는 시간이 많이 필요합니다. 만약에 주말에 일하거나 밤늦게까지 야근하는 고객이 있으면, 커피라도 사서 만나러 가는 거예요. 그러면서 또 공유하게 되는 정보들이 있어요. 그런 시간을 보내려고 많이 노력했습니다.

편 신뢰를 얻는다는 게 진짜 어려운 일인 것 같아요.

권 네. 맞습니다. 하지만 관계가 좋다고 해서 소프트웨어를 구매하는 건 아니에요. 도움이 될 수 있는 부분에 대해서 정확히 전달하는 것도 필요합니다. 정확한 도움을 주기 위해서는 먼저 고객사의 시스템을 파악해야 합니다. 이러한 정보는 고객사의 유지 보수를 담당하는 회사를 통해서 얻을 수 있어요. 그래서 고객사와 관련된 회사들과도 좋은 관계를 맺어두는 게 좋습니다. 그렇게 고객사 시스템을 파악한 후에 낙후되거나 개선할 수 있는 부분을 찾아서 고객에게 솔루션을 제안하고, 다른 회사가 도입하여 업무의 효율성이 올라간 사례를 들어 설명하기도 합니다. 예를 들어 말씀드리면 고객사도 더 쉽게 이해하는 것 같아요. 그 이후에는 더 세부적으로 정식 제안서를 작성하는 등 단계를 밟아나갑니다.

편 개인적으로 노력하는 부분도 있을 것 같아요.

권 네. 우선 저 자신을 객관적으로 바라보고, 부족한 부분을 채우기 위한 노력을 하고 있어요. 영업 비즈니스를 하려면, 회사에서나 고객에게 보이는 이미지도 중요하거든요. 좋은 이미지와 평판이 영업의 결과로 나타나는 경우도 실제로 많고요. 더 나은 모습이 되기 위해서는 스스로 끊임없이 노력할 수밖에 없는 것 같아요. 사람들과 만나서 어떻게 하면 잘 말하고, 잘 들을 수 있는지, 관련 책이나 동영상을 보면서 공부도 하고, 실천해 보려고 하고요. 고객과 좀 더 자연스러운 대화를 이어나가기 위해서 기사나 토픽, 고객의 관심 분야에 대한 정보도 찾아보고, 비즈니스 잡지도 구독해서 꼼꼼히 보는 편이에요. 또 빠르게 변화하는 세계 소프트웨어 시장의 트렌드나, 경쟁사의 소식에도 관심을 기울이고 있습니다. 더불어 IT뿐만 아니라, 다양한 업계의 사람들과도 계속 만나고 있고요. 이런 노력을 통해 저의 부족한 부분을 채워가고 있습니다. 그러면서 처음 이 일을 시작했을 때보다 점점 진화해 나가고 있다고 생각해요.

어떤 회사에 들어가는 게 좋을까요?

편 많은 IT 기업이 있는데, 어떤 회사에 들어가는 게 좋을까요?

권 사람마다 일하고 싶은 회사를 고르는 기준은 다를 것 같아요. 여러 가지 고려해야 할 것들이 많지만, 만약 영업 비즈니스를 한다면, 좋은 제품을 가진 회사인가, 아닌가를 중요하게 봐야 한다고 생각해요. 그 제품을 고객들이 좋아하고 많이 사용하는 이유가 무엇인지, 그렇지 못하다면 외면당하는 이유는 무엇인지 알아보는 게 필요합니다. 시장에서 1위인 제품이어도 다양한 소비자의 의견을 미리 알아두는 것이 좋고요. 또 1위가 아니거나, 이제 막 세상에 나온 제품이라면 반드시 확인해 봐야겠죠. 단순히 인터넷 검색으로 관련 정보를 얻을 수도 있겠지만, 직접 제품을 사용해 보고, 경험해 보는 것도 큰 도움이 된다고 생각합니다.

그리고 특히 첫 직장이 어디인가가 앞으로의 경력에 큰 영향을 줍니다. 그래서 가능하다면 업계 1위나 규모가 큰 회사에서 시작하는 걸 추천하고 싶어요. 회사의 규모가 크면 프로세스와 조직에 대해서 더 잘 배울 수 있고, 아무래도 업계에서 1위인 제품이 영업할 때 유리한 부분도 있습니다. 또 많은 판매가 이루어지는 만큼 다양한 고객 사례를 접하면서 쌓이는 정보와 노하우는 모두 자기 재산이 되니까요. 나중에 조금 더 높은 위치로 올라가게 되면 정말 필요한 것들이고요. 이직할 때도 도움이 됩니다.

영업 비즈니스가 힘들지 않나요?

편 영업 비즈니스가 쉬운 일은 아닌 것 같아요.

권 그렇죠. 누구라도 그렇게 생각할 것 같아요. 아무래도 가장 힘든 부분은 실적이에요. 회사가 준 영업 목표가 있고, 그 실적을 분기별, 연도별로 평가받거든요. 그래서 저희끼리는 분기 인생을 산다고 표현하는데요. 시간에 대한 압박이 큽니다. 분기 마감이 다가오면 항상 쫓기는 기분이 들어요. 또 고객사가 저희 마감 일정에 맞춰서 구매해 주는 게 아니니까 그런 부분을 잘 조율하는 능력도 필요하고요. 회사에서도 고객이 원하는 조건이나 지원받는 부분에 대해 내부 협상도 진행해야 해요. 또 고객의 니즈를 알기 위해서는 말하기보다는 상대의 이야기를 들어줘야 할 때가 많고, 그 속에서의 관계가 큰 영향을 주기 때문에 늘 긴장의 연속이에요. 그리고 저는 퇴근 후나 쉬는 날에도 고객의 문제를 해결하기 위해 계속 고민하는 편이라서 거의 쉴 틈이 없어요. 그래서 스트레스를 많이 받고, 감정 소모가 크죠. 대신 그만큼 어려운 일을 해냈을 때의 성취감이 크고, 경제적 보상이 충분한 일입니다. 영업에 대한 압박과 두려움만 극복한다면 누구나 도전해 볼 만한 일이라고 생각해요.

글로벌 비즈니스의 힘든 점이 있을 것 같아요.

(편) 글로벌 비즈니스를 하면서 힘든 부분도 있을 것 같아요.

(권) 네. 맞아요. 글로벌 환경에서 일하면서, 각 나라의 문화 차이를 절실히 느낄 때가 많아요. 초반에는 그들의 제스처나 뉘앙스를 이해하지 못해서 오해가 생기기도 하고, 제가 이해하지 못하는 경우들도 있었어요. 그리고 매 순간 그 문화와 생각하는 방식, 그 사회의 상식들을 제가 무조건 받아들여야 하는 입장이어서 더 힘들었던 것 같아요. 특히 한국을 담당하면서 본사에, 우리나라에만 있는 특수한 상황들을 설명하고 이해시키는 게 어려웠어요. 한국에서는 대기업이나 재벌 문화가 너무 당연한 일인데, 본사에서는 이해하지 못하거든요. 그럴 때는 뭔가 큰 벽에 부딪힌 것 같고, 때로는 있는 그대로 이해해 줬으면 하는 마음도 생기더라고요. 그래도 편견이나 나이는 내려놓고, 마음을 열고 배우는 자세로 계속 노력하고 있어요. 그러면서 점차 적응하게 되는 것 같아요.

저는 한국뿐 아니라, 말레이시아도 담당하고 있는데요. 담당을 맡게 되면서 먼저 말레이시아에 관해서 공부했어요. 그들의 경제 상황, 정치구조, 지역, 역사, 종교 등 다양한 부분에 대해서요. 최소한 그 정도의 기본적인 정보들과 산업구조에 대해서 이해하고 난 후에 현지 파트너들과 미팅을 진행합니다. 그리고 말레이어가 따로 있지만, 보통 영어나 중국어를 많이 쓰는데요. 저와 함께 일하는 분들도 영어 중간에 중국어를 많이 섞어서 쓰더라고요. 거기다 서로 영어가 완벽하지 않은 상황이어서 이해시키고 명확히 소통하기 위해서 큰 노력이 필요했어요. 처음엔 적응하기 어려웠지만, 말레이어를 안 쓰는 게 어딘가 싶었어요. 글로벌 비즈니스를 하면서 모국어만큼 소통할 수 없다는 게 가장 어려운 부분인 것 같아요. 문화에 대한 이해도 어렵지만, 민감한 비즈니스 이야기를 할 때 100% 소통이 되지 않으면, 그만큼 리스크도 있고 답답한 부분이 생기니까요.

싱가포르만의 특징이 있을 것 같아요.

🔲 지금 싱가포르에 머물고 계시는데요. 비즈니스 하면서 싱가포르만의 특징이 있을 것 같아요.

🔲 우선, 싱가포르는 단일민족인 우리나라와는 다르게 다민족, 다문화 국가입니다. 작은 도시국가지만 다양한 민족과 언어, 그리고 문화가 공존하는 곳이죠. 그래서 함께 일하는 동료와 회의하거나 식사할 때도 그들의 문화적 차이를 존중해 주어야 합니다. 예를 들면, 이슬람의 절기인 라마단 기간에는 해가 뜰 때부터 질 때까지 식사하지 않는다고 해요. 그래서 이 기간에는 이슬람 종교를 가진 동료에게 식사를 권하지 않아요. 그리고 고객사를 방문할 때도 각각 다른 문화를 가진 다양한 민족의 사람들을 만나기 때문에 그들의 문화적인 배경을 이해하고 존중하는 것에서부터 비즈니스가 시작됩니다.

글로벌비즈니스전문가가 바라보는 한국은 어떤가요?

편 글로벌 비즈니스를 하면서 국내에서 일할 때와는 바라보는 시각이 많이 달라졌을 것 같아요. 이사님이 바라보는 한국의 소프트웨어 시장은 어떤가요?

권 한국의 소프트웨어 시장을 살펴보면, 세계 어느 나라와 견주어도 손색이 없을 만큼 빠르게 성장하고 있어요. 물론 아직은 미국이나 중국 같은 대형 소프트웨어 시장에 비하면 규모가 작은 편이지만, 높은 기술력과 혁신성을 보유하고 있습니다. 소프트웨어가 국내 기업들의 기술 혁신과 산업의 디지털 전환에 큰 기둥 역할을 하고 있고, 특히 한국은 기술 기업들과 스타트업 기업의 생태계가 잘 갖추어져 있어서 시장 확장성과 상당한 경쟁력이 있습니다. 그만큼 앞으로 세계 시장으로 확장할 수 있는 많은 잠재력을 이미 갖고 있다고 확신합니다. 청소년 여러분 같은 미래의 주역들이 이 분야의 산업에 더 많이 도전한다면, 큰 시장으로 도약할 기회가 더 많아지겠죠.

세계에서 주목하는 소프트웨어 시장은 어디인가요?

(편) 세계에서 주목하는 소프트웨어 시장은 어디인가요?

(권) 누가 뭐래도 미국 아닐까요? 코로나 이후, 많은 기업이 실리콘밸리에서 텍사스나 여러 도시로 이전하면서 분산됐지만, 세계 IT 시장에서 미국의 영향력은 정말 막강합니다. 전 세계 주요 소프트웨어는 모두 Made in USA라고 해도 과언이 아니에요. 최근에는 한국의 청년들이 미국으로 와서 IT 회사를 설립하고, 직접 뛰어드는 경우가 생기고 있는데요. 앞으로 계속해서 이러한 도전들이 이어지고, 많은 성공 사례가 나오길 기대하고 있습니다.

최근 한국 IT 회사들도 세계 시장으로 많이 나가고 있는데요. 우선은 동남아시아나 일본, 특히 베트남 시장에 많이 진출하고 있고, 싱가포르에도 몇몇 성공한 한국의 스타트업 회사가 본사를 두고 운영하면서 진출하기도 했습니다. 개인적으로는 더 많은 한국의 회사들이 싱가포르에 진출했으면 하는 바람입니다. 싱가포르에서 성공한다면, 가까운 말레이시아나 태국 시장으로 나가는 데 훨씬 유리해지거든요.

그리고 다른 아시아 국가들을 살펴보면, 인도네시아가 스타트업 강국으로 글로벌 성공 사례를 만들어 내고 있습니다. 우리가 잘 알고 있는 고젝^{Gojek} 같은 공유 차량 서비스도 인도네시아에서 만들어서 전 세계에서 서비스하고 있어요. 또 인도도 주목받고 있는데요. 워낙 우수한 IT 인력들이 많이 있고, 영어를 공용어로 사용하기 때문에 미국의 여러 거대 기업이 인도에 개발 센터를 두고 제품 개발을 하고 있어요. 이미 인도에 타타컨설팅 같은 글로벌 수준의 IT 회사들이 있지만, 아직 자체적으로 직접 개발한 소프트웨어 중에 성공한 것은 많지 않다는 것이 특징입니다.

그리고 소프트웨어 비즈니스 관점에서 보면 일본 시장도 참 흥미로운데요. 한국보다 인구는 약 두 배 정도 많지만, 실제로 IT 시장 규모는 한국의 여섯 배 정도 됩니다. 실제 우리 회사의 매출도 한국과 일본이 몇 배 이상 차이가 납니다. 일본의 경제가 오랫동안 침체기였음에도 불구하고, IT 제품에 대한 소비 규모가 큰 편이에요. 특히 일본의 보수적인 문화를 생각했을 때 전통을 고집하지 않고 새로운 IT 제품을 선택하는 것이나, 지식재산권에 대해 비용을 지불해야 한다는 인식이 놀라울 때가 많습니다.

일과가 궁금해요.

편 많은 사람을 만나고, 정말 바쁘실 것 같은데요. 이사님의 일과는 어떻게 되세요?

권 저는 3, 6, 9, 12월, 분기가 마감되는 달에 항상 한국으로 한 달 정도 출장을 갑니다. 한국에 가면 일정이 꽉 차서 바쁜 하루를 보내는데요. 보통 오전 7시 반에 내부 회의로 시작합니다. 글로벌 회사이다 보니 미국, 호주, 유럽의 직원들과 맞춰서 이른 시간에 한 시간 정도 회의를 합니다. 8시 반에 내부 회의를 마치고 나면, 바로 한국 총판사로 향합니다. 총판사에 도착해서 매출과 현재 진행되고 있는 상황 등을 공유하는 시간을 갖고, 바로 고객과 만나야 하는 경우가 있는지 확인합니다.

그리고 10시 반쯤 고객을 담당하는 파트너사에 가서 현재 진행 상황과 지원해야 할 부분을 이야기한 후에 점심을 먹고, 고객사로 이동합니다. 고객사로 가면서 중간중간 메일이나 연락들을 확인하고, 메신저로 급한 건에 대해 회신도 합니다. 2시쯤 고객사에 도착해서는 제품에 대한 제안과 시안을 보여주고, 추후 일정 등을 논의합니다. 보통 한 시간에서 길면 두 시간 정도 소요됩니다. 그렇게 4시에 고객사 미팅이 끝나면, 다시 총판사로 와서 6시까지 그날의 매출을 확인하고, 내부에서 포캐스트Forecast, 지난 영업 성과를 분석하여 장래에 발생할 수요나 마케팅 활동 등을 예상하는 일 보고를 합니다.

그 이후에 파트너사의 담당자들과 저녁 식사 시간을 갖습니다. 식사하면서 당장 직면한 문제들보다는 장기적인 관점에서의 비즈니스나 투자에 대한 이야기를 나누고, 10시 정도 마무리합니다. 이 시간도 비즈니스의 연장선상으로 매우 중요한 시간입니다. 그렇게 호텔로 돌아와서 다시 메일을 확인하고, 본사와 급한 사안에 대해 또 회의합니다. 빠르게 문제를 해결하기 위해서는 본사가 있는 미국 시각에 맞출 수밖에 없는데요. 그렇지 않으면 하루를 또 넘기기 때문에 시간이 늦더라도 맞춰서 회의하고, 대부분 12시를 넘겨서 잠자리에 듭니다.

보람된 순간은 언제예요?

편 바쁘지만, 이 일을 하면서 보람을 느꼈던 순간도 있을 것 같아요.

권 영업의 특성상 실적에 얽매이다 보면, 일에서 보람을 찾는 게 어려울 때도 있어요. 그럴 때는 스스로 의미나 보람을 찾으려고 노력하는 게 중요하다고 생각합니다. 그리고 자신의 자리에서 열심히 노력한다면 분명히 세상에 도움이 된다고 생각해요. 제가 하는 일을 통해서 고객사의 업무가 개선되고 효율성이 좋아진다면, 그것으로 충분히 보람 있는 일이죠. 그런 것들이 모여 회사에서도 인정받을 수 있고요. 저는 입사하고 1년여 만에 바로 영업 대표를 맡게 됐었는데요. 큰 책임을 진다는 무게도 있었지만, 그 역할이 주어진 게 즐거웠어요. 회사가 저에게 큰 역할을 준다는 것은, 그만큼 인정하고 있다는 의미잖아요. 직업인으로서는 회사에서 그런 성취가 있고 인정받을 때 보람을 느끼게 되는 것 같아요. 물론 실적에 대한 압박이 있지만, 목표를 달성하기 위해 최선을 다해 노력하고, 그 결과로 성공했을 때 느끼는 성취감도 크고요. 해외에서 머물며 일할 수 있다는 것도 큰 장점이에요. 저는 지금에 만족하고, 이 직업을 갖길 정말 잘했다고 생각해요.

직업병이 있나요?

편 일하면서 생긴 직업병이 있을 것 같아요.

권 늘 긴장하는 게 직업병이라고 할 수 있을 것 같아요. 프로젝트마다 완료해야 하는 기한이 정해져 있고, 제가 휴가일 때도 고객이 쉬는 건 아니니까, 낮이든 밤이든 새벽이든, 전화나 연락이 오면 꼭 받아요. 시차가 다르면, 잠을 못 자고 연락을 기다릴 때도 있고요. 그래서 잠을 잘 때나 쉴 때도 대기 상태로 항상 긴장하고 있게 돼요. 그리고 늘 고객과 회사 사이에서 조율하다 보니 스트레스가 많아서 분기 마감 때가 되면 몸이 여기저기 아프더라고요. 주변에 동료들을 보면 불규칙한 생활 때문에 불면증이 있기도 하고요. 영업하는 분들은 모두 비슷할 것 같아요. 그래도 저는 시간이 지나면서 적응하고, 이제는 잘 넘길 수 있게 된 것 같아요.

스트레스 해소는 어떻게 하나요?

편 스트레스를 해소하는 방법이 있으세요?

권 앞에서 분기 인생이라고 말씀드렸잖아요. 그래서 분기가 끝나면 그다음 1~2주는 무조건 가족과 함께 여행을 갑니다. 분기 평가가 끝난 이후여서 압박감 없이 편하게 다녀올 수 있어요. 휴양지에 가서 햇빛도 쐬고 바다와 좋은 풍경도 보면서 머리를 비우고 쉬는 거죠. 그렇게 휴식의 시간을 갖고 나면 다시 시작할 힘이 생기는 것 같아요.

그리고 여행도 좋지만, 그걸 준비하는 과정도 좋아해요. 가기 전에 리조트나 숙소도 찾아보고, 그 지역의 특징이나 역사도 공부하고요. 가족과 함께 가볼 만한 맛집도 찾으면서 일정을 계획하는 걸 좋아합니다. 그렇게 여행 갈 날을 기다리면 업무의 스트레스도 가볍게 견딜 수 있는 것 같아요. 최근 우리 가족은 싱가포르에서 가까운 곳부터 도장 깨기를 하고 있어요. 인접한 동남아 쪽은 말레이시아의 조호르 바루와 태국의 파타야, 방콕을 다녀왔고요. 아내가 미국으로 출장 갔을 땐 딸과 단둘이 푸껫도 다녀왔어요. 또 인도네시아의 발리와 몰디브도 갔었고요. 다음에는 베트남에 가볼까 생각하고 있습니다.

편 여행 말고 평소에도 스트레스를 관리하는 이사님만의 방법이 있을 것 같아요.

권 가족과 보내는 시간이 중요한 것 같아요. 저는 저녁 시간쯤 딸과 함께 산책을 자주 하는데요. 싱가포르의 밤은 날씨가 선선하고 덥지 않아서 걷기에 좋거든요. 집 근처에 산책로가 있어서 이야기하면서 걸으면, 한 시간이 금방 갑니다. 산책로에 가끔 박쥐가 날기도 하고, 멧돼지도 먼발치에서 볼 수 있어서 아이도 심심하지 않게 산책할 수 있어요. 특히 딸아이의 손을 꼭 잡고 걸으면서 듣는 학교생활이나 친구들 이야기가 좋아요. 딸아이가 옆에서 재잘재잘 쉬지 않고 이야기하면 행복한 기분이 들죠. 어떤 스트레스도 그 행복감은 이길 수 없는 것 같아요. 아직은 아이가 어려서 이야기를 많이 해주는데, 조금 더 커서 말수가 줄면 어떡하나 벌써 걱정이 듭니다. 좀 천천히 크면 좋겠어요.

이직하면 어디로 가나요?

편   소프트웨어비즈니스전문가를 하다가 이직하면 어디로 가 나요?

권   물론 아예 다른 분야로 가는 경우도 있지만, 이직 주기가 짧은 편이어서 보통 2~3년에 한 번씩은 다들 옮기는 것 같아 요. 대부분 같은 업계, 특히 외국계 IT 회사로 많이 가고, 최근 에는 창업하는 경우도 있습니다. 구글, 마이크로소프트, 아마 존처럼 큰 외국계 회사에서 높은 위치에 있다가 고객사나 스 타트업의 임원으로 옮기는 일도 꽤 많고요. 대부분 CIO^{Chief} _{Information Officer, 최고정보관리책임자}라고 전체적인 기술이나 정보를 총괄하는 자리로 가는데, 실제 대기업 CIO로 이직해서 부사장 까지 되신 분도 있었어요.

신입 같은 경우는 처음에 DGR, 말 그대로 시장에서 수요와 니즈를 만들기 위해 주로 세미나나 온라인 마케팅, 전화 영업 하는 일을 합니다. 그렇게 2~3년 정도 되면 DGR 다음 단계인 ISR, 실제로 거래를 담당하는 역할로 가고 싶어 하는데요. 내부 에서 기회가 안 주어지면 외부로 옮길 수밖에 없잖아요. 그래 서 3년 차, 4년 차에 이직을 많이 합니다. ISR로 2~3년이 지나 고 나면 IT 영업의 꽃인 AM, 고객사를 담당하는 필드 세일즈가 되기 위해서 또 이직하고요. 실적이 좋은 AM들은 서로 스카우트하기 때문에, 또 이직이 계속 발생해요. 적극적으로 자신의 자리를 찾아서 옮기는 경우가 많습니다.

멘토나 존경하는 인물이 있나요?

편 멘토나 존경하는 인물이 있으세요?

권 제가 가장 가까이에서 많이 배우는 인물은 바로 아내예요. 회사는 다르지만, 아내도 저와 같은 일을 하고 있어요. 연차로는 저보다 선배고요. 현재 업계에서 성공한 커리어우먼으로 자리매김하고 있습니다. 옆에서 아내의 영업 스타일이나 고객과 끈끈한 신뢰 관계를 유지하는 모습을 지켜보면, 저도 이 일을 하고 있지만 놀랍고 존경스러울 때가 많아요. 그래서 제가 종종 조언을 구하기도 합니다.

편 아내는 이떻게 만나셨어요?

권 오라클에서 일할 때 만났어요. 아내는 20대부터 싱가포르에서 일했고, 중국이나 다른 나라에도 있었어요. 저보다 글로벌 경험도 많고, 외국어도 잘합니다. 같은 업종에 있으니까 도움 되는 부분이 많아요. 누구보다 믿을 수 있고, 일에 대해서도 서로 잘 아니까 대화를 많이 나눠요. 고민도 비슷하고, 공유할 수 있는 것도 많고요. 힘든 부분을 누구보다 잘 이해해 줘서 언제나 든든합니다.

기억에 남는 좋은 동료들이 있나요?

편 지금까지 이 일을 해오면서 기억에 남는 좋은 동료들도 있을 것 같아요. 소개해 주세요.

권 제가 한국 오라클의 공공 영업팀에서 일할 때, 함께했던 동료들이 가장 기억에 많이 남아요. 다들 비슷한 또래였어요. 당시에 고민하는 부분도 비슷했고, 서로 고객사에 대한 이슈들도 스스럼없이 나눌 수 있어서 좋았던 것 같아요. 그중에서는 제가 선배 연차여서, 고객사에 문제가 있으면 같이 들어가서 미팅도 참여하고 지원했었는데요. 함께 어려운 부분을 이겨나가면서 더 돈독해졌던 것 같아요. 서로 의지하면서 재미있게 회사 생활을 했어요. 또 거의 매주 지방 출장이 있었는데, 장거리를 이동하면서 대화를 나눌 시간도 많았고, 같이 숙박도 하면서 더 끈끈해지고 가까워질 수밖에 없었던 것 같아요. 지금도 연락하며 잘 지내고 있습니다.

소프트웨어비즈니스전문가가 나온 작품이 있나요?

편 청소년들이 소프트웨어 비즈니스의 세계를 볼 수 있는 작품이 있을까요?

권 직접적으로 소프트웨어 비즈니스의 세계를 묘사한 작품은 없는 것 같아요. 대신 제가 본 중에 기억에 남는 영화로는 〈잡스Jobs〉가 있습니다. 스티브 잡스에 대한 영화인데요. 잡스의 일생을 보여주면서 애플의 비즈니스 전략과 제품 출시에 대한 장면들이 나옵니다. IT 기업이 어떻게 전략을 도출하는지 그 과정이나 실행에 대해 이해하는 데 도움이 될 것 같습니다. 특히 미국 IT 회사의 특징이 잘 나와요. 미국의 대형 IT 회사들은 창업자가 회사를 좌지우지하는 경우가 많아요. 그들의 천재성과 카리스마가 회사를 이끌어가는 원동력이기 때문이죠. 〈잡스〉라는 영화는 그 부분에 대해서 잘 보여줍니다. 그리고 자신이 세운 회사에서 쫓겨나는 부분도 나오는데, 최근에 OpenAI의 창업자가 회사에서 쫓겨났다가 복귀하는 것과도 유사한 상황이죠. 영업 비즈니스에 대한 직접적인 내용은 없지만, 미국의 IT 회사에 대해 이해한다면 소프트웨어 비즈니스의 세계에 한발 다가갈 수 있다고 생각해요. 관심 있는 청소년들이 이 영화를 보면 좋을 것 같습니다.

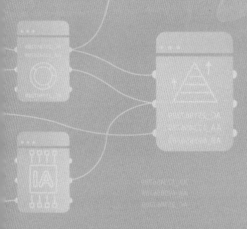

SOFTWARE
BUSINESS

소프트웨어
비즈니스전문가가
되는 방법

전문가가 되기 위한 자격이 있나요?

편 소프트웨어비즈니스전문가가 되려면 어떤 자격이 필요할까요?

권 따로 자격은 없습니다. 학력이나, 다른 특별한 제한이 없어요. 제 생각엔 정보가 없어서 지원하지 못하는 것 같아요. 앞에서 말씀드린 영업에 대한 압박감만 잘 이겨낼 수 있으면, 누구에게나 열려 있고, 누구나 잘할 수 있는 일이라고 생각해요. 그리고 IT 회사라고 하면 구글, 마이크로소프트, 아마존 같은 큰 회사들만 생각하는데요. 그 외에 작은 IT 회사들도 아주 많고, 실제로 DGR 역할을 해줄 신입사원을 계속 뽑고 있어요. 현재는 지원하는 분들이 많지 않은데, 더 많은 분이 지원해 주면 좋을 것 같아요.

편 그럼 이사님 주위의 비즈니스 전문가분들은 전공이 다 다른가요?

권 네. 의대를 나온 분, 미대를 나온 분, 정말 다양해요. 전공과는 상관없이 누구나 의지가 있다면 할 수 있는 일입니다.

구체적인 방법을 알려주세요.

편 소프트웨어비즈니스전문가가 되는 방법에 대해서 알려주세요.

권 외국계 IT 회사를 예로 들면, 세 가지 정도의 방법이 있는 것 같아요. 우선 대학 졸업 후에 가장 쉽고, 넓게 열린 방법은 공고를 확인하여 지원하는 것입니다. 최근에는 공채 입사가 거의 사라졌기 때문에 DGR 공고를 주의 깊게 살펴보세요. 이 부분은 신입으로 지원해도 합격할 수 있어요. 많은 외국계 IT 기업에서 DGR을 상시로 채용하고 있습니다. 그리고 외국계 IT 기업과 협업하는 한국 총판사나 파트너사에 입사해서 먼저 업무를 시작한 다음, 그 경력을 인정받아 이직하기도 합니다. 업무에 성과를 보이고 열정적이면, 기업에서 먼저 이직을 제안하는 일도 많습니다.

그리고 링크드인 Linked in 같은 사이트에 올라온 잡 포스팅을 보고 지원할 수도 있어요. 이런 경우 바로 지원해도 되지만, 지원하기 전에 포스팅을 올린 인사팀 직원이나 업계 선배들을 찾아 조언을 구하고, 멘토 등을 요청하여 정기적으로 교류하면서 추천을 받으면 좋습니다. 외국계 IT 기업은 내부 직원의 추천에 대해 열려 있어요. 그래서 내부 직원이 먼저 검증하고 추천하면 인사팀에서 더 유심히 보기 때문에, 추천받으면 입사하는 데 훨씬 유리합니다. 링크드인에 본인이 가고 싶은 회사를 찾아서 시도해 보면 좋겠어요.

이 직업과 잘 맞는 사람은 누구일까요?

편 이 직업과 잘 맞는 사람은 누구일까요?

권 긍정적인 사람이 잘 맞을 것 같아요. 그런 성향은 쉽게 바뀌는 게 아니라고 생각해요. 긍정적인 사람들이 대부분 교육도 더 잘 따라오고, 중도에 잘 포기하지 않더라고요. 그리고 국내 기업들은 아직 명문대 출신들을 우대하지만, 오히려 외국계 IT 회사는 열정을 더 중요하게 생각해요. 실제로 어떤 후배는 면접에서 원양어선을 탔던 경험을 얘기했는데요. 면접관이 그 경험을 좋게 보고, 원양어선을 탈 정도라면 영업도 충분히 잘할 수 있다고 판단해서 합격한 일도 있었어요. 그렇게 열정적이고 적극적인 사람이 이 일과 잘 맞는다고 생각해요.

또 중요한 것이 커뮤니케이션 능력입니다. 많은 사람을 만나서 여러 가지 이해관계가 얽힌 부분들을 끊임없이 조율하고, 이러한 상황들을 잘 정리하기 위해서는 정확한 의사 전달이 필수입니다. 그래야 불필요한 오해를 막을 수 있으니까요. 그리고 영업이라는 직무는 정말 자신이 사장이라는 생각이 필요한 일이에요. 그런 생각이 없다면 성과를 내기도 어렵고요. 그래서 외국계 IT 회사에서는 공식적으로 '영업 대표'라는 직함을 사용해요. 어느 정도 결정 권한을 갖고, 회사를 대표하여

고객을 만나기 때문이죠. 그래서 다른 직무보다 책임감과 주
인의식이 더 필요한 일이라고 생각해요.

편 소프트웨어비즈니스전문가가 되기 위해서 노력하는 후배
들을 많이 보셨을 것 같아요.

권 네. 싱가포르에 와서 알게 된 후배인데요. 이 후배의 이야
기를 소개하고 싶어요. 처음에는 링크드인을 통해서 커피챗
Coffee Chat 하고 싶다고 연락이 왔어요. 당시에 이 후배가 싱가
포르 현지에 있는 광고회사에 다니고 있었거든요. 저와 만나
자마자 열정적으로 자신의 꿈과 앞으로 나아가고 싶은 방향에
대해서 솔직하게 이야기하는 거예요. 처음 보는 사람에게 그
런 이야기를 하는 게 어려웠을 텐데도, 눈을 반짝이면서 IT 영
업 비즈니스를 하고 싶은데, 그 길에 대해서 알고 싶다고 이야
기하는 모습이 인상적이었어요. 저뿐만 아니라 링크드인에서
IT 비즈니스를 하는 사람들과도 소통하려고 노력하고 있었어
요. 대구에서 대학교를 나왔고, 정부에서 지원하는 프로그램으
로 미국에서 인턴을 한 후 취업에 도전했지만, 잘되지 않았다
고 해요. 생활이 어려워 취업은 포기하고, 사업을 하다가 싱가
포르까지 왔다고 했어요. 계속 연락하면서 그 후배의 집에도
갔었는데, 당시에 가장 가고 싶어 했던 AWS Amazon Web Services 의

회사 관련 자료가 벽면에 가득했어요. 목표에 가까워지기 위해서 어떻게든 노력하고 행동하고 있었던 거죠. 그런 노력의 결과로 당당하게 AWS에 입사했습니다. 영업이 처음이라 DGR로 시작했고, 열정이 넘쳤던 만큼 빠르게 AM이 되었어요. 지금은 구글로 이직해서 AM으로 열심히 일하고 있습니다. 30대 초반인데 연봉도 어마어마하게 받고 있고요. 열정과 의지가 만들어 낸 최고의 사례라고 생각합니다. 아마 그 후배가 계속 한국에 머물렀다면 지금과 같은 결과는 없었겠죠. 하지만 포기하지 않고 길을 찾기 위해 해외로 나왔고, 자신의 힘으로 꿈을 이뤄냈어요. 누구라도 열정을 다해 노력하고 행동한다면 조금씩 조금씩 꿈에 가까워지지 않을까요?

이 직업과 맞지 않는 사람도 있을 것 같아요.

편 그럼, 이 직업과 맞지 않는 사람이 있을까요?

권 일단은 스트레스에 약한 분들은 영업과 맞지 않는다고 생각해요. 영업은 실적에 대한 압박과 긴장이 계속되는 일이기 때문에, 스트레스에 약하면 금방 지치게 돼요. 그리고 부정적인 사람은 이 일을 하면서 스스로 힘들어질 수 있어요. 미래는 늘 어떤 것도 장담할 수 없잖아요. 그런 불확실성과 여러 가지 스트레스는 긍정적인 사고를 해야 잘 이겨낼 수 있고, 버티는 힘이 생기거든요. 그리고 수동적인 사람도 잘 맞지 않는 것 같아요. 뭔가 주어진 일을 잘하고, 그게 더 잘 맞는 사람들도 분명히 있어요. 그게 나쁘다는 것이 아니라, 영업은 좀 더 주체적이고 적극적인 분들이 잘 맞는 것 같아요.

자녀에게 이 직업을 추천하실 건가요?

편 만약에 이사님의 자녀가 이 직업을 갖고 싶다고 하면 어떻게 조언해 주실 거예요?

권 아이가 이 일을 하겠다고 하면 찬성할 것 같아요. 딸아이인데요. 비즈니스적인 측면에서 보면, 남성보다는 여성이 고객을 설득하거나, 내용을 전달하는 능력이 훨씬 뛰어나거든요. 그리고 국내 기업보다는 해외 기업이 여성을 더 우대하고, 여성 리더십을 인정하는 분위기가 있어요. 실제로 점점 더 많은 여성에게 리더의 자리가 주어지고 있어서 성공의 가능성도 훨씬 높다고 생각합니다. 그리고 결혼한 후에도 일과 가정을 꾸려나가는데 회사가 지원해 주는 부분이 많고, 시간과 장소에 구애받지 않고 유연하게 근무할 수 있어서 여성이 일하기엔 장점이 많은 것 같아요. 저는 적극적으로 지원할 것 같습니다.

편 아이는 아빠와 엄마의 직업에 대해 어떻게 생각하나요?

권 다른 아이들도 마찬가지일까요? 저희 아이는 아빠와 엄마의 직업에 대해서 관심이 많아요. 특히 여자아이라서 그런지 엄마가 무슨 일을 하는지 늘 궁금한가 봐요. 그리고 엄마가 큰 IT 회사에서 중요 직책으로 일하는 것을 자랑스럽게 생각합니다. 세계적으로 누구나 아는 유명한 회사에서 일하는 엄마가 멋지다고 느끼는 것 같아요. 친구들에게 자랑도 많이 하더라고요. 상대적으로 제가 다니는 회사는 몰라서 그런지 잘 얘기하지 않아서 좀 서운합니다.^^

편 아이에게 어떤 아빠로 기억되고 싶으세요?

권 저는 아이에게 아빠는 휴식 같은 존재라고 생각해요. 때때로 엄마한테 혼나거나, 속상한 일이 있으면 항상 저를 찾아오거든요. 그리고 놀아달라는 말도 엄마가 아닌, 저한테만 해요. 제가 잘 놀아주고 편하게 해줘서 그런 것도 있지만, 아내가 계속 일하는 엄마여서 육아를 함께 했어요. 제가 일찍 퇴근해서 아이와 시간을 보낸 적도 많고요. 그런 시간이 저도 참 좋았습니다. 같이 놀이터에 가서 그네를 탈 때도, 킥보드나 자전거를 처음 배울 때도, 항상 제가 옆에 있었어요. 아이가 자라나는 시간을 제가 곁에서 지켜볼 수 있었다는 게 늘 감사하고 행복합니다. 나중에 아이가 자신의 길을 씩씩하게 가다가 뒤돌아볼 때, 언제나 그 자리에서 기다려주는 아빠가 되고 싶어요. 힘들 때는 언제든 기댈 수 있게요. 아마 모든 아빠가 아이에게 그런 존재가 되고 싶을 겁니다.

청소년들이 어떤 공부를 열심히 하면 좋을까요?

편 청소년들이 어떤 공부를 하는 게 도움이 될까요?

권 일단 외국계 IT 기업에서 영업 비즈니스를 하는데, 좋은 학벌과 좋은 학점은 필수 조건이 아닙니다. 하지만 영어 공부는 열심히 하면 좋겠어요. 영어는 아무리 노력해도 단기간 안에 늘지 않더라고요. 미리 꾸준히 공부해서 영어를 말하는데 어려움이 없고, 논리적인 글쓰기가 가능하다면 빠르게 성장할 수 있을 거예요. 그리고 통계나 회계처럼 경영학적 지식이 있으면, 영업의 마무리 단계에서 계약을 진행하거나 가격 협상을 할 때 큰 도움이 됩니다. 거기에 소프트웨어나 IT에 대한 기본 지식을 갖추고 있다면, 입사해서 제품이나 기술에 대한 교육을 받을 때 훨씬 이해하기가 쉽고요. 또 많은 사람을 만나는 만큼 한계를 두지 말고, 여러 분야에 폭넓은 관심을 두면 좋을 것 같아요.

청소년기에 어떤 경험을 하면 좋을까요?

편 이 꿈을 가진 청소년들이 어떤 경험을 해보면 좋을까요?

권 저는 영업에서 커뮤니케이션 능력이 핵심이라고 생각해요. 그래서 학교에서나 어디서든 리더십이 필요한 자리가 있다면 적극적으로 해보길 추천합니다. 그런 역할을 하면 자연스럽게 많은 사람 앞에서 말할 기회가 생기거든요. 그리고 독서 클럽이나 토론 클럽에 적극적으로 참가해서 자기 생각을 논리적으로 정리하고 말하는 연습을 하는 것도 도움이 되리라고 생각합니다.

또 최근 학교에서 코딩에 대한 교육이 대중화되었다고 들었어요. 관련한 동아리나 수업을 들으면서 소프트웨어나 IT에 대한 기본적인 지식을 갖추는 것도 좋을 것 같습니다. 그리고 가능하다면 아르바이트를 통해 판매의 경험을 해보는 것도 추천해 드리고 싶어요. 저도 고등학교 때 잠깐 판매 아르바이트를 한 적이 있었는데요. 그때 유통에 대해서 알게 되었고, 고객들의 다양한 요구를 접해본 경험이, 처음 이 일을 시작할 때 크게 도움이 됐어요.

SOFTWARE
BUSINESS

소프트웨어
비즈니스전문가가
되면

글로벌 IT 회사의 근무지는 어떻게 되나요?

편 글로벌 IT 회사의 근무지는 어떻게 되나요? 여러 나라로 발령이 나는 건가요?

권 대부분 처음 지원한 나라에서 근무를 시작하게 되는데요. 영업 비즈니스의 특성상 그 나라의 문화에 대한 이해가 필요해서, 본인이 태어나고 교육을 받은 곳에서 일하는 경우가 많습니다. 그렇더라도 일하면서 다른 나라에 자리가 있으면 누구나 지원할 수 있고, 옮길 수 있어요. 일단 들어오게 되면 회사 안에서의 이동은 본인 노력에 따라서 얼마든지 기회가 열려 있죠. 저도 지금 싱가포르에서 일하고 있고, 원한다면 전 세계 어디서든 일할 수 있습니다.

최근에는 아예 원하는 국가나 지역에서 입사하기도 해요. 미국, 싱가포르, 호주에 있는 한국 청년들이 현지에서 바로 지원하는 거죠. 영어나 외국어를 잘하면 지역의 제한 없이 자유롭게 근무할 수 있어요. 주로 미국, 싱가포르, 호주, 런던에서 소프트웨어비즈니스전문가로 활동하는 한국 분들을 많이 볼 수 있습니다. 그리고 제가 있는 싱가포르는 APAC아시아 태평양의 헤드쿼터HQ, Head Quarter라서 베트남, 말레이시아, 태국 등 아세안 지역의 여러 국가를 담당하는데요. 그만큼 여러 나라의 고객과 파트너를 만나면서 다양한 경험을 쌓을 수 있습니다. 그래서 직급이 올라가고 관리자의 길을 걷게 되면, 싱가포르나 호주의 APAC 총괄, 또는 미국 본사로 리로케이트하기도 합니다.

편 리로케이트가 뭔가요?

권 직원이 다른 나라로 이동할 경우 회사에서 제공하는 서비스인데요. 직원과 직계 가족이 모두 해당 나라로 옮길 수 있게 지원해 주는 것을 말합니다. 큰 회사들은 리로케이트를 담당하는 부서가 따로 있을 정도예요. 우리 회사도 관련 부서가 따로 있어서 이사나 현지 생활을 위한 오리엔테이션, 학교나 세금에 대한 컨설팅 등 세세한 서비스를 제공하고 있습니다. 회사나 직급에 따라서 좀 차이가 있지만, 기본적으로 직원이 새로운 생활에 안정적으로 적응할 수 있도록 회사 차원에서 제공하는 복지라고 생각하면 될 것 같아요. 저도 이를 통해, 쉽게 싱가포르 생활에 적응할 수 있었습니다. 회사에서 지정해 준 부동산 에이전시를 통해서 집을 구했는데, 집을 보러 함께 다니면서 현지에 대한 이야기도 많이 들을 수 있어서 도움이 됐습니다.

편 원하면 어느 나라에서나 근무할 수 있다는 말씀이네요.

권 다른 회사들은 대부분 해당 국가나 지역에 자리가 있고, 역량이 되어야 갈 수 있다고 알고 있어요. 제 아내도 그런 경우예요. 싱가포르에 자리가 나서 지원했고, 합격해서 옮겼어요. 우리 회사는 좀 다르게 어디든지 이동할 수 있도록 열려 있어요. 지금 제가 시드니나 도쿄로 간다고 해도 회사에서는 승인해 줄 거예요.

편 법인이 없어도 옮길 수 있나요?

권 그렇진 않아요. 안타깝게도 서울에는 법인이 없어서 제가 가고 싶어도 갈 수가 없어요. 앞에 말씀드린 시드니나 도쿄에는 법인이 있어서 갈 수 있는 겁니다. 회사와 협의만 되면 옮기는 게 가능해요. 그래서 제가 현실적으로 갈 수 있는 지역은 일본과 호주 정도에서 자유롭게 옮길 수 있어요.

이 업무에 숙련되는데 얼마나 걸릴까요?

ⓟ 입사하고 1년 만에 영업 대표직을 맡게 되었다고 하셨는데요. 이 업무가 숙련되는데 얼마나 걸릴까요?

ⓠ 저는 좀 예외적인 경우인 것 같아요. 처음에 오라클에서 글로벌 신입사원을 뽑는 GIP^Graduate Intake Program를 통해서 입사하게 되었는데요. 들어가서 두 달 정도 집체 교육을 받은 후에 10개월 정도 OJT라고 각 부서를 돌면서 교육을 받거든요. 그 이후에 본격적으로 일을 시작하니까, 사실 1년 만에 숙련되었다고 보기는 어렵죠. 아마 회사에서도 무리가 있다고 판단했던 것 같아요. 그 이후부터 입사하는 사원들은 전화 영업이나 온라인 세미나를 진행하는 DGR 업무부터 2~3년 정도 시키더라고요.

ⓟ 지금 신입사원으로 입사하면 영업 대표가 되기까지 얼마나 걸릴까요?

ⓠ 개인마다 차이가 큽니다. 그리고 보통은 DGR에서 ISR로 그리고 AM으로 역할을 바꿔나가는 것이 일반적이지만, 무조건 영업 대표가 더 상위의 업무라고 생각하면 안 될 것 같아요. 다 각자의 역할이 다를 뿐입니다. 대체로 AM이 되는데 빠

르면 3년에서 길면 7년 이상 걸리는 것 같아요. 대형 외국계 IT 회사 기준이고, 회사마다 개인마다 차이가 심하기에 일률적으로 얘기하기는 어려워요. 그만큼 개인이 얼마나 열심히 하느냐에 따라 빠르게 이동할 수 있습니다.

글로벌 기업과 국내 기업의 다른 점이 궁금해요.

㉠ 지금 글로벌 기업에서 일하고 계시는데요. 국내 기업과 가장 많이 다른 점은 뭘까요?

㉣ 국내 기업은 사원, 대리, 과장, 이렇게 연차와 직급이 나뉘고, 하는 일이나 책임도 달라지죠. 그리고 신입사원이 들어오면, 상사나 선배들이 책임지고 일을 알려주면서 도와주잖아요. 그런데 외국계 글로벌 기업은 전혀 그런 문화가 없어요. 직무에 대한 교육은 프로그램을 통해서 하고, 이후에는 다른 사람의 도움 없이 바로 업무를 시작합니다. 일을 시작하는 시점에 바로 책임지고 그만큼의 역할을 해야 하는 거죠. 연차도 상관없고, 직급도 상관없어요. 자신이 맡은 부분에 대해서는 모두 자신이 책임져요. 처음부터 맡은 일도 다르고, 각자가 프로라고 생각하기 때문에 서로 도와주지 않고요. 그래서 처음 적응할 때는 좀 힘들 수 있어요. 그게 우리나라와 가장 큰 차이인 것 같아요.

㉠ 외국계 기업은 도와주는 문화가 없다고 하셨는데요. 한국에서 근무할 때도 마찬가지였나요?

㉣ 네. 한국에서 근무했지만, 회사의 시스템이나 문화는 국

내 기업과 달랐어요. 기본적으로 외국계 기업은 셀프서비스 문화가 있어요. 필요한 건 스스로 알아서 찾는 거죠. 대신에 그런 부분들을 쉽게 찾을 수 있도록 시스템이 잘되어 있어요. 그리고 처음에 들어가면 많은 입사 축하 메일이 쏟아져요. 업무와 관련된 사람들, 같은 팀, 그리고 해외에 있는 동료들에게서요. 업무적으로 도와주는 문화는 없지만, 삭막한 분위기도 아닙니다.

교육은 인사팀에서 미리 일정을 잡아서 진행해요. 먼저 시스템을 알려주는 IT 교육부터 시작해서 업무에 대한 교육으로 넘어갑니다. 이후에 인사팀에서 가이드가 될 만한 선배와도 연결해 주고요. 우리나라처럼 직접적으로 업무에 대해 알려주진 않지만, 그분들에게 회사 생활과 관련된 팁들을 들을 수 있어요. 그리고 모르는 업무는 선배들에게 물어보거나, 매니저에게 관련 오리엔테이션을 받으면 됩니다. 먼저 다가가서 궁금한 것을 물어보고, 회사 생활에 적응하는 것은 어디서나 본인하기 나름인 것 같아요.

편 같은 글로벌 회사지만, 근무지가 한국일 때와 싱가포르일 때의 차이가 있나요?

권 한국에서 근무할 때는 외국 기업과 한국 기업의 중간쯤에 있었던 것 같아요. 회사에서 제공하는 교육이나 프로그램들은 다른 나라와 동일하게 차이가 없었어요. 하지만 모든 구성원이 한국인이어서 한국적인 문화가 있었죠. 선후배 간의 위계질서가 있고, 회식도 잦았어요. 지금은 위계질서나 회식 같은 문화는 없습니다. 조금 더 개인을 존중하고 자유로운 분위기예요. 그리고 싱가포르에서는 다양한 국가의 직원들과 함께 일하기 때문에 서로의 나라에 대해서 배울 기회가 생기더라고요. 멀게만 생각했던 인도나 대만, 말레이시아에 대해서 더 많이 알게 되고, 그들의 문화도 어느새 익숙해지고요. 새로운 곳에 와서 세상을 보는 눈이 더 넓어지는 느낌이에요.

연봉이나 복지제도는 어떤가요?

편 연봉이나 복지제도도 외국계 기업과 국내 기업의 차이가 있을까요?

권 아무래도 외국계 IT 기업들의 본사가 실리콘밸리에 많이 있는데요. 전 세계에서 가장 복지가 좋은 곳 중 하나죠. 물론 우리나라의 기업들도 연봉이나 복지가 좋다고 알고 있지만, 외국계 기업, 특히 IT 기업의 처우는 전 세계에서 가장 높은 수준이기 때문에 차이가 있다고 생각합니다. 회사마다 다르겠지만, 우리 회사 같은 경우는 월급 외에 분기별로 쓸 수 있는 복지비용을 꽤 크게 지급해 주고 있어요. 이 부분은 원래 회사 식당이 운영되던 부분을 코로나로 없애면서, 직원들에게 그만큼 돌려주는 거예요. 이 비용을 가족과 외식하거나 식료품 구입 등 다양하게 사용할 수 있어서 실제 생활에 큰 도움이 되고 있어요. 그리고 보험은 직계 가족 모두에게 적용되고요. 한약이나 도수치료, 그리고 안경 맞추는 비용, 치과 치료 비용, 입원비까지 100% 지원해 줘요. 가족계획과 관련된 비용도 1년에 6천만 원까지 사용할 수 있습니다. 그리고 IT 업무의 특성상 재택근무가 보편화되어 있어서 집이 아닌 다른 나라나 지역에서 일하는 것도 가능해요.

편 외국계 기업의 모집 공고에, 연봉에 대한 정보가 나와 있나요?

권 아니요. 공고에는 연봉에 대한 정보는 없어요. 지원 후 서류 합격 연락이 올 때, 연봉을 확인할 수 있어요. 다만 공고된 직무를 보고 대략적인 연봉은 가늠할 수 있습니다.

편 그럼, 같은 회사여도 공고마다 연봉이 다를 수도 있나요?

권 공고가 아니라, 직무에 따라서 연봉이 다릅니다. 보통은 회사에서 채용하는 직무에 따라 연봉을 다르게 책정하고, 그 예산 내에서 사람을 뽑는데요. 만약 꼭 채용하고 싶은 사람인데 예산보다 더 줘야 하는 경우가 생기면, 회사 내부 승인을 통해 예산을 더 받아서 채용하기도 합니다. 반대로 예를 들어 100만 원의 연봉을 책정하고 부장급의 자리였는데, 그 기준에 미달한다고 판단했을 때는 연봉 80만 원에 차장급으로 채용할 수도 있어요.

편 신입사원 기준으로 연봉은 얼마나 될까요?

권 연봉은 회사마다 차이가 정말 큽니다. 같은 IT 회사여도 국내 기업보다는 외국계 회사의 연봉이 더 높고, 규모가 작은 회사보다는 큰 회사가 더 높습니다. 제가 입사했던 2000년대 초반에는 대기업과 비슷한 3,000만 원 중반대였는데요. 지금은 더 많겠죠. 그리고 신입사원일 때 연봉이 얼마였느냐는 그렇게 중요하지 않아요. 연차가 쌓이고 이직하면서 연봉을 올리는 게 일반적입니다. 그래서 개인의 실적과 능력에 따라 차이가 클 수밖에 없어요. 그리고 외국계 기업은 복지가 좋기 때문에 실질적으로 체감하는 연봉은 국내 기업보다 더 높다고 볼 수 있습니다.

편 이 직업은 정년이 따로 정해져 있나요?

권 정년은 다른 회사들과 마찬가지예요. 노동법에 따른 퇴직 나이를 그대로 적용하고요. 지사장이나 임원급이 되면 본인이나 회사가 원할 때까지 조금 더 근무할 수 있는 것 같아요. 그리고 한국 기업도 마찬가지겠지만, 해외 기업들은 상황에 따라서 종종 정리해고Lay Off를 합니다. ERPEarly Retirement Payment라고 해서 정년 전에 일정 금액을 더 주고 협상하기도 하고요.

글로벌 기업의 좋은 점과 나쁜 점은 뭔가요?

편 글로벌 기업에서 일하면 좋은 점은 뭔가요?

권 확실히 국내 기업보다 시간을 쓰는데 자유로워요. 그리고 현재는 싱가포르에 있지만, 도쿄나 시드니처럼 지사가 있는 곳이면 얼마든지 옮길 수 있고요. 근무지에 대한 자유가 있다는 게 만족스러운 부분이에요. 그리고 최근 글로벌 회사들은 거의 하이브리드 근무 형태로 일하고 있어요. 사무실 출근과 재택근무를 자유롭게 할 수 있는 건데요. 저도 제가 나가고 싶을 때나 전체 회의가 있을 때만 출근하고, 다른 때는 원하는 곳 어디서나 일할 수 있습니다. 어떤 동료는 발리나 스페인에서 한두 달씩 근무하기도 하더라고요.

그리고 글로벌 기업들은 다양성에 큰 가치를 둡니다. 그래서 문화 활동이나 회사 내부의 그룹 활동을 활발히 지원해서 넓고 새로운 시각으로 볼 수 있도록 도와줍니다. 또 복지제도가 좋아요. 저는 전 세계 어디 있는 병원엘 가든 회사 보험이 적용되어서 100% 무료로 치료받을 수 있습니다. 얼마 전 방콕에서 응급으로 치료받은 적이 있었는데, 그때도 회사 보험으로 모든 비용을 냈습니다. 한국에서도 마찬가지이고요.

 반대로 나쁜 점도 있을 것 같은데요.

 외국에서 일하다 보니, 한국처럼 정을 느끼기가 어려운 것 같아요. 회사에서 많은 시간을 보내면 같이 일하는 동료끼리 끈끈한 정이 생기기 마련이잖아요. 회식을 자주 하는 게 단점이지만요. 그러다 보면 일하면서 힘들 때 도와주기도 하고, 회사 생활도 더 재미있게 할 수 있고요. 그런데 외국은 그러기 어려운 것 같아요. 서로 친절하지만, 아주 친해지기는 어려운 느낌이랄까요. 이런 부분이 지금의 20대에게는 오히려 장점이 될 수도 있겠네요.

그리고 고용 안정성이 한국의 대기업들에 비해 떨어집니다. 외국계 기업은 한번 입사해서 쭉 다니는 것이 아니라, 중간에 계속 이직하는 문화가 있어서 직원들도 회사를 옮기는데 망설임이 없고, 회사에서도 상황이 좋지 않으면 대규모로 정리해고를 진행하기도 합니다. 아마 뉴스에서 많이 보셨을 거예요. 코로나가 끝나고 거대 기업들이 대량으로 감원했거든요. 아이러니하게도 코로나 기간에 IT가 호황이어서 많은 인원을 신규 채용했었는데, 코로나가 끝나면서 그 부분을 정리했어요. 서로 필요에 의해서 얼마든지 나가거나 자를 수 있죠. 조금 무서운 일이죠.

그리고 싱가포르는 정책상 별도의 퇴직금이 없어요. 대신

CPF라고 해서 우리나라의 연금 같은 개념이 있는데요. 시민권자와 영주권자만 들 수 있고, 근로자와 사업자가 펀드 형식으로 적립하고 퇴직 후에 받는 거예요. 운영을 잘해서 매년 1월에 이자도 지급한다고 합니다. 한국은 퇴직금이 있지만, 싱가포르는 본인이 준비되지 않은 상황에서 퇴직하면, 당장 생활에 어려움을 겪을 수도 있어요. 일하면서 이직이나 노후에 대해서는 자신이 철저하게 준비해야 해요.

글로벌 비즈니스가 궁금해요.

편 해외에서 일하고 싶은 학생들이 많은 것 같아요. 글로벌 비즈니스에 대해 조금 더 알려주세요.

권 소프트웨어 비즈니스 외에도 해외에서 일할 수 있는 길은 다양하게 열려 있습니다. 우선 해외 학교에서 학위를 따는 경우가 가장 일반적이고요. 어학연수 와서 자리 잡는 경우도 봤습니다. 이런 경우라면 각자의 전공이나 관심사에 따라 업종이 정해질 것 같아요. 글로벌 비즈니스라고 하면 뭔가 먼 이야기처럼 느껴질 수도 있을 것 같은데요. 현재 한국의 삼성전자나 현대자동차 같은 대기업들은 물론, 하이브와 JYP 같은 엔터테인먼트 회사들도 전 세계를 무대로 글로벌 비즈니스를 하고 있죠. 이러한 회사에서도 충분히 글로벌 비즈니스에 도전할 수 있습니다.

하지만 오늘 제가 여러분께 말씀드리고 싶은 부분은 해외에서의 취업과 외국계 기업에서의 글로벌 비즈니스입니다. 제가 이 부분을 추천해 드리고 싶은 이유는, 제 경험에 비추어봤을 때 한국 사람들이 어느 나라 사람보다도 훨씬 논리적이고 책임감도 강해서 성과가 훨씬 좋습니다. 더 많은 한국인이 해외로 진출하게 된다면, 무수한 성공 사례들이 나오게 되리라고 확신합니다. 그리고 취업의 목적 중에서 경제적인 부분도 중요할 텐데요. 거기에 무엇보다 부합하는 것이 바로 해외 취업이라고 생각합니다. 국내와는 다른 환율과 물가를 반영하여 훨씬 높은 연봉을 받을 수 있습니다.

그리고 글로벌 비즈니스는 세계를 보는 넓은 시야가 필요합니다. 한국 안에서 나오는 전략은 아무래도 한계가 있습니다. 해외에서 직접 부딪치며 경험한다면 오차를 줄이고 세계 시장에 맞는 전략을 만들고 실행할 수 있다고 생각합니다. 그리고 문화적인 차이를 극복하고 새로운 언어를 습득할 수 있다는 것도 글로벌 비즈니스의 장점 중 하나입니다. 전 세계의 여러 인종이 모인 싱가포르나 미국, 호주 같은 나라에서 일하면서 체득하게 되는 이러한 경험은 자신의 엄청난 경쟁력이 될 것입니다.

또 글로벌 비즈니스도 결국 사람이 하는 일이기 때문에, 그 중심에는 커뮤니케이션 능력이 무엇보다 중요합니다. 커뮤니케이션에서 외국어 능력보다 필요한 것이 다양한 경험이라고 생각합니다. 해외에서 다양한 경험을 쌓는다면, 어느 곳에서나 단단하게 자신만의 길을 만들어갈 수 있다고 생각합니다. 용기를 내서 도전해 보세요!

SOFTWARE
BUSINESS

비즈니스맨
권준혁 STORY

학창 시절에 어떤 학생이셨나요?

편 학창 시절에 어떤 학생이셨나요?

권 저는 앞에 나서는 걸 좋아하는 학생이었어요. 초등학교 때는 전교 회장, 중고등학교 때는 학급 회장을 했습니다. 그래서 학교 대표로 방송도 나가고, 행사에서 사회를 본 적도 있습니다. 뭐든 앞에 나서서 적극적으로 하는 편이었죠. 그래서 한때는 정치인이 되고 싶기도 했었는데요. 뉴스나 매체를 보면서 정치를 한다면, 행복한 삶을 살기는 어렵겠다는 생각이 들더라고요. 그래서 고2 때 경영학과로 진로를 바꾸면서, 큰 회사에서 글로벌한 일을 하고 싶다는 막연한 꿈을 키웠어요.

편 공부가 힘들지는 않았나요?

권 공부를 못하진 않았는데, 그렇다고 공부를 최우선에 두는 학생도 아니었던 것 같아요. 부모님도 워낙 공부에 대해 압박을 주시거나 잔소리를 하는 분들이 아니셨어요. 제가 고2 여름방학 때, 아버지와 함께 중동 여행을 40일간 다녀온 적이 있었는데요. 일정상 개학이 지나서 등교하게 됐어요. 그때 선생님이 저희 부모님께 대학 안 보낼 생각이냐고 물어보실 정도였어요. 그리고 고3 때 IMF가 터졌어요. 그 영향을 직격으로 맞았죠. 아버지가 저를 앉히시곤, 대학 등록금도 어려울 수 있다며 미안해하셨던 게 기억나요. 하지만 그때 저의 진짜 고민은 공부가 아니라 탈모였어요. 책 위로 떨어진 한 가닥의 머리카락이 저를 탈모에 대한 두려움과 공포에 빠지게 해서 공부는 뒷전이었죠. 지금은 다행히 머리가 풍성합니다. 그러다가 수능을 100일 앞두고 정신이 들어서 공부하기 시작했어요. 매일 과목별로 문제집을 한 권씩 풀었어요. 수학은 빼고요. 수학은 정말 진도가 나가지 않더라고요. 대신 나머지 과목에 집중해서 시중에 나온 문제집들을 거의 다 풀어보고 수능을 봤어요. 대학에 가서도 방학 때마다 배낭여행을 다니면서 전 세계를 여행했습니다. 휴학하고 호주 워킹홀리데이도 다녀왔고요. 그런 경험을 통해서 도전하는 정신을 길렀던 것 같아요.

편 친구들과의 관계는 어떠셨어요?

권 친구들과는 매일매일 정말 재밌게 지냈습니다. 친구들과 함께 새로운 일을 만드는 걸 좋아했어요. 그런 모습을 친구들도 좋아해 줬고요. 초등학교 때 인기투표하면 꽤 많이 나왔던 것으로 기억합니다. 그리고 중학교 때는 친구들 세 명과 경북 영주로 무전여행을 가기도 했어요. 지금 생각해 보면 너무 무모한 계획이었는데, 다행히 친구들 부모님이 다 허락해 주셨어요. 제가 유홍준 교수님의 『나의 문화 유산답사기』를 감명 깊게 읽고 나서, 부석사에 가기 위해 떠난 여행이었는데요. 여인숙에서 자고, 계곡에서 수영도 하면서, 고생은 좀 했지만 참 재밌는 추억을 만들었습니다. 그리고 고등학교 때는 친구들과 밤에 운동장 벤치에 앉아서 고민 상담을 많이 해줬어요. 지금은 별것 아닌 일 같은데, 그땐 서로 막연한 미래에 대한 걱정이 많았던 것 같아요. 아직도 어린 시절 친구들과 자주 연락하며 지내고 있어요.

이 진로를 정하게 된 계기는 무엇인가요?

편 고등학교 때 이미 소프트웨어 글로벌 비즈니스로 진로를 정하셨나요?

권 그건 아니에요. 전혀 생각하지 못했고, 정보도 없었어요. 대학에 가서도 경영학을 전공하면서, 영업 비즈니스를 하게 되리라고는 한 번도 생각해 본 적이 없었어요. 대신 IT 분야에 대한 확신이 있어서 막연하게 삼성전자, LG전자, SK텔레콤 같은 국내 기업만 목표로 생각하고 있었죠. 그런데 저보다 먼저 졸업해서 한국 오라클에 다니던 친구가 영업직의 연봉이 높다면서 추천해 줄 테니 들어오라고 해서 지원하게 됐어요. 그리고 국내 모 기업에도 합격했었는데, 아버지가 외국계 기업이 낫겠다고 말씀해 주셔서 이 길을 선택할 수 있었어요. 미리 계획한 것도 아니었고, 외국계 기업이나 일에 대한 정보도 전혀 없었어요. 우연이 만들어낸 결과죠.

편 아버지께서 국내 기업보다 외국계 기업이 낫겠다고 하신 이유가 뭘까요?

권 아버지께서는 당시 국내 기업의 위계질서나 연공서열 같은 문화를 별로 좋아하지 않으셨어요. 상대적으로 외국계 기업은 그런 일이 적다고 생각하셨던 것 같아요. 또 저한테 틀에 박힌 일보다 자유로운 일이 적성에 맞는다고 생각하셨대요. 그래서 프랑스로 유학하러 가서 조향사나 소믈리에 같은 직업을 가져도 좋겠다고 말씀하신 적도 있었어요.

편 아버지의 영향을 많이 받으셨네요.

권 네. 그리고 부모님 두 분 다 제가 어렸을 때부터 크게 간섭하거나 잔소리하는 분들은 아니었어요. 저를 믿어주셨던 것 같아요. 그리고 아버지가 회사 생활을 하시면서 해외 출장을 자주 다니셨는데, 제가 거기서 영향을 많이 받은 것 같습니다. 아버지가 책도 좋아하셔서 회사를 그만두시고 문명비평가가 되셨는데요. 신문 칼럼도 정기적으로 쓰시고, TV 방송에도 종종 나오셨어요. 그럴 때마다 아버지가 무척이나 자랑스러웠던 게 기억나네요. 제가 대학교 1학년 때 진로를 정하지 못해서 고시를 준비하겠다고 말씀드렸을 때도, 저에게 젊은 애가 왜 그렇게 고리타분한 생각으로 사냐며, 세상에 재밌는 일이 많으니, 더 많이 경험해 보라는 말씀을 해주셨던 게 아직도 가슴에 남아있습니다.

소프트웨어비즈니스전문가로서 첫 출발이 궁금해요.

편 입사해서 소프트웨어비즈니스전문가로서 첫 출발은 어땠나요?

권 처음에는 엉망진창이었죠. 우선 모든 교육이 영어로 진행되거든요. 같이 입사한 동기들은 영어도 잘하고 똑똑한 것 같은데, 나만 뒤처지는 것 같아서 주눅도 들고 자신감도 뚝 떨어졌어요. 그래서 합격해서 교육을 1주일 정도 받았을 때, 인턴으로 일했던 국내 기업의 부장님께 다시 가고 싶다고 전화를 드렸어요. 지금 생각하면 말도 안 되는 일이죠. 그런데 부장님이 돌아온다면 언제든지 환영이니까 1주일만 더 참아보고, 그때도 생각이 바뀌지 않으면 오라고 하시는 거예요. 제가 그 부장님의 입장이라면 절대 그렇게 얘기해 줄 수 없을 것 같은데, 너무 좋은 분이었죠. 함께 오랫동안 일한 직원도 아닌데, 그렇게 말씀을 해주셔서 너무 감사했어요. 그래서 1주일만 더 해보자고 한 게 지금까지 오게 됐네요.

그렇게 교육 2개월을 마치고, OJT 하는 부서로 배정을 받았는데요. 당시에 40대 부장님이 너무 무섭고 어려운 분이었어요. 외국계 기업의 특성상 서로 도와주는 분위기도 아니어서 적응하는데도 힘들었고요. 한번은 제가 실수를 해서 사무실이 떠나가라 소리를 지른 적도 있었어요. 제가 큰 행사의 초대장을 잘못 보냈거든요. 지금 생각해도 너무 아찔합니다. 이 일을 수습하기 위해서 여러 선배님이 고생하는 모습을 뒤에서 조마조마한 마음으로 지켜봤던 게 생각나네요. 그 이후로 더 꼼꼼하게 확인하는 버릇이 생겼고요. 실수가 불러올 수 있는 파장에 대해서도 한 번 더 생각할 수 있게 됐어요. 그때 저를 혼냈던 부장님 부서로 배정받아서, 첫 4년을 함께 했습니다. 처음에는 무서웠지만, 가만히 일하는 모습을 보니 배울 점이 정말 많았어요. 특히 기획 업무에 강했고, 데이터 분석도 뛰어난 분이었어요. PPT를 논리적이면서 이해하기 쉽게, 그리고 오차도 없이 만드는 것을 보고 놀랐던 기억이 있습니다. 지금도 그분을 닮기 위해 노력하는데, 쉽지는 않네요. 그 이후부터 제가 믿고 의지할 수 있는 존재가 되어주셔서 늘 감사하게 생각하고 있습니다.

외국에서 근무하는 게 힘들지는 않으세요?

편 외국에서 근무하면서 어려운 점은 없으세요?

권 다른 문화에 적응하고, 커뮤니케이션만 원활하다면 비즈니스 측면으로 어려운 점은 없습니다. 소프트웨어 비즈니스가 근무하는 지역에 크게 제한받는 일도 아니고요. 저는 지금의 환경이나 일에 만족하고 있어요. 대신 한국에 계신 부모님을 자주 뵙지 못하는 게 제일 안타까운 부분이에요. 그리고 저도 나이가 더 들면 언젠가는 한국으로 돌아가려고 생각하고 있는데요. 아무래도 한국에서의 기반을 만드는데 조금 벗어나 있는 것 같아서, 그런 부분이 좀 불안하기는 합니다.

편 언제 한국에 돌아올 계획이세요?

권 아직 구체적인 계획은 없어요. 현재 제 아내도 싱가포르에서 근무하고 있고, 아이도 현지 학교에 다니고 있어서 가족이 모두 한국으로 돌아가는 건 상당한 시간이 지난 후일 것 같습니다. 가장 중요하게 생각하는 부분은 아무래도 아이의 학업이에요. 그 부분에 대한 고민이 가장 큽니다. 하지만 언젠가는 돌아가야겠죠. 그런 순간이 오면 어떻게 할지 미리 생각은 해두어야 하는 것 같아요. 만약 현재 회사에 한국 지사가 생겨서 제가 한국 지사를 맡는다면, 무리 없이 한국으로 돌아갈 수 있을 것 같아요. 그게 가장 이상적일 것 같아요. 혹은 회사 생활을 아예 정리한 상태에서 돌아갈 수도 있고요. 그렇다면 인생 2막을 한국에서 시작하겠죠. 아직은 아무도 모르는 일이지만요.

여러 나라 중에 싱가포르를 선택한 이유가 있나요?

편 여러 나라 중에서 싱가포르를 선택한 이유가 있나요?

권 저는 20대부터 막연하게 외국에서 근무하고 싶다는 꿈을 가졌던 것 같아요. 그러다 30대가 되면서 싱가포르가 좋을 것 같다는 구체적인 생각을 하기 시작했습니다. 같은 아시아 국가여서 미국이나 호주보다는 인종차별이 덜할 것 같다는 생각이 들었거든요. 실제로 싱가포르에 와보니, 제 생각대로였어요. 한국인으로서 차별받는 느낌은 거의 없고, 오히려 한국에 대한 호감이 있어서 생활하는 데 어려움은 없습니다. 그리고 싱가포르가 아시아에서는 부자 국가 중 하나로 1인당 국민소득이 한국의 두 배가 넘어요. 그 물가에 맞춰서 한국보다 더 많은 연봉을 받을 수 있다는 것도 장점이고요. 또 싱가포르의 환경이 깨끗하고 안전해서 아이를 키우기에도 좋은 조건이에요. 동남아시아나 푸껫, 발리 같은 여행지도 가까워서 여행 가기도 쉽고요. 벌써 싱가포르에 온 지도 4년이 지났네요. 이곳의 생활에 너무 만족하지만, 새로운 경험을 위해서 호주나 다른 나라로 이주하는 것도 생각해 보고 있습니다.

지금까지 가장 기억에 남는 거래가 있으세요?

🔵 지금까지 가장 기억에 남는 거래가 있으세요?

🔵 제가 한국 오라클에 있을 때였어요. 서울에 있는 고객사여서, 제가 자주 찾아뵈면서 고객사는 물론, 고객사와 거래하는 타사들과도 신뢰 관계가 쌓인 시점이었어요. 그런데 그때 경쟁사에서 저희 제품을 전부 윈백Win Back, 현재 운용 중인 경쟁사의 시스템을 자사의 제품군으로 바꿔 넣는 공격적인 마케팅 방법하려고 최고 경영 책임자에게 직접 영업하면서, 큰 위기를 맞았습니다. 최고 경영 책임자가 전부 경쟁사의 제품으로 바꾸라고 이미 IT 부서를 압박하는 상황이었어요.

그래서 설명회 개최를 고객사에 요청했습니다. 경쟁사의 제품으로 바꿨을 때 시스템이 정상적으로 작동한다면 다행이지만, 그렇지 않을 수도 있으니, 시스템이 정상 작동하는지를 먼저 업체들과 확인해 보자는 취지였어요. 결국 설명회를 열어서 관계된 모든 업체가 참석했는데, 업체들이 제품을 바꾸게 되면 시스템을 전면 개보수해야 하고, 비용이 엄청나게 나올 것이라는 의견을 내주었습니다. 추후 최고 경영 책임자와 따로 만난 자리에서도 다시 한번 그 위험성에 대해서 말씀드렸고, 결국 저희 제품의 교체를 막은 적이 있었어요.

이후 그 고객사에서 제 입지가 더 단단해지는 계기가 되었고, 제가 한 제안들이 대부분 받아들여져서 고객사의 거의 모든 프로젝트에 저희 제품이 들어갔습니다. 업무 효율을 고려해서 10억 이상 되는 최신 장비도 추천해 드렸는데, 그해에 바로 계약이 진행되었어요. 전적으로 저와 회사를 믿어주신 경우라 기억에 남는 거래입니다. 그리고 현업에서 실무를 담당하는 분들도 업무의 효율이나 속도에 대한 기대가 커서 너무 뿌듯했습니다.

앞으로 비즈니스 전문가로서 어떤 계획이 있나요?

편 앞으로 소프트웨어비즈니스전문가로서 어떤 계획이 있으세요?

권 우선 현재 제가 담당하는 한국 비즈니스를 최대한 성장시키고 싶어요. 그러기 위해서는 한국의 대기업에 대한 영업을 강화하고, 국내의 솔루션 회사들과의 협업, 그리고 우수한 고객 사례들을 만들어내야 하는 숙제가 있습니다. 이렇게 된다면 한국 비즈니스가 우리 회사 내에서 입지를 더 다질 수 있을 것 같습니다. 그래서 회사에서 한국을 중요한 나라로 만드는 게 목표예요. 동시에 개인적으로는 APAC 전체를 총괄하는 자리를 한번 맡아보고 싶습니다. 한국을 넘어 호주, 뉴질랜드, 아시아 국가들, 인도 지역 전체에 대한 영업 전략을 세우고, 국제적으로 팀을 운영하는 역할이에요. 그래서 한국을 넘어 더 큰 비즈니스를 해보고 싶은 꿈이 있습니다.

권준혁 이사님의 꿈은 뭔가요?

편 비즈니스 전문가가 아닌, 이사님의 인생에 대한 꿈이 있으세요?

권 제가 그동안 일하면서 쌓아온 경험과 지식을 학생들이나 젊은 친구들에게 나눠주고 싶어요. 싱가포르에 와서 링크드인이라는 플랫폼을 처음 사용하게 됐는데요. 한국어로 회사 홍보를 하라는 요청이 있어서 시작한 거예요. 그런데 생각보다 정말 많은 연락이 와서 놀랐습니다. 이 일에 대해서 잘 모르는 분들이 많아서 그런 것 같아요. 글로벌 IT 회사라고 하니까 호기심은 생기는데, 정확한 정보가 없는 거죠. 그런 사람들에게 제가 하는 일에 대해서 조금이라도 알려주고 싶습니다. 그래서 라이브 웨비나를 통해서 취업이나 이직을 준비하는 한국의 20~30대 청년들과 직접 이야기를 나누기도 했어요. 이 책도 청소년들이 소프트웨어 비즈니스와 글로벌 비즈니스를 알아가는데 도움이 되면 좋겠습니다. 이런 모든 것들이 제가 더 힘내서 일할 수 있는 동기가 되는 것 같아요. 앞으로도 저의 경험과 알고 있는 것들을 나누면서 커리어 멘토로서 계속 활동해 나가고 싶은 게 제 꿈입니다.

SOFTWARE
BUSINESS

소프트웨어
비즈니스전문가의
V-Log

첫 커리어의 시작(2007~2017년)

　세계 최대의 DBMS^{DataBase Management System, 데이터베이스 관리 시스템} 회사인 오라클에서 신입 공채로 사회생활을 처음으로 시작했습니다.

오픈 월드 행사장 ▼

오라클 오픈 월드 행사장에서 ▲

　오라클의 Open World라는 행사에 참여했던 모습이에요. 샌
프란시스코로 간 첫 출장이어서 무척이나 설레었죠. 담당했던
파트너사와 함께 제품 전시와 홍보를 지원하는 역할을 했습니
다. 오라클 직원들이라면 누구나 가고 싶었던 행사여서 너무
좋았습니다.

행사장에는 많은 사람이 관심을 두고 세션을 지켜봤습니다. IT를 선도하는 회사의 세션이었고 창업자가 직접 나오는 만큼, 전 세계 IT인들의 관심이 전부 오라클에 집중되었어요.

샌프란시스코 유니언 스퀘어 ▶

SW를 세상에 알리는
소프트웨어 비즈니스전문가

오라클 오픈 월드 세션장의 뜨거운 열기 ▲

오픈 월드 세션장에서 ▼

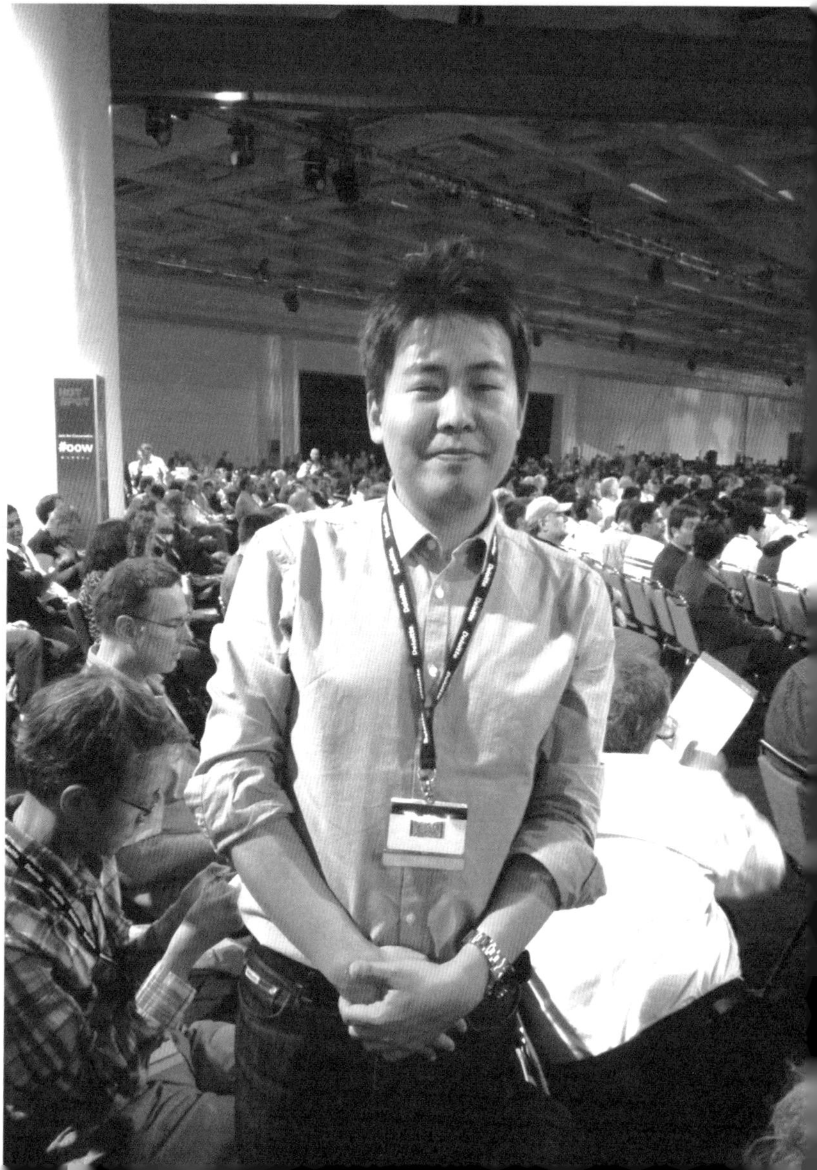

나파밸리의 와이너리 ▲

출장을 가게 되면, 식당과 여행, 관광에 대해서도 잘 알아야
해요. 샌프란시스코에서 처음 갔던 Pier 39의 나파밸리와 레스
토랑은 저의 영업 자산이 되어 그 후에도 계속해서 고객과 파
트너사들을 모시고 가는 필살기가 되었죠. 첫 샌프란시스코

Pier 39의 던지니스 크랩 ▲

출장 때는 많은 식당을 사전 조사하고 어디로 갈지 고민이 많았는데, 이때의 경험으로 샌프란시스코 출장이 너무 편해졌어요.

중국 상하이 오픈 월드 출장

중국이 무섭게 성장하면서 중국 상하이에서도 오라클 오픈 월드를 개최하게 되었어요. 미국 샌프란시스코의 행사 경험이 있었던 제가 파트너 지원을 위해 단독으로 출장을 가게 되었습니다.

상하이 오라클 오픈 월드에서 ◀▲

오라클을 떠나며 -
10년 동안 다닌 회사를 떠나던 날

저도 제가 오라클을 떠나게 될지 몰랐습니다. 10년간 여러 부서에서 많은 것을 배웠고, 채널 비즈니스부터 엔터프라이즈 세일즈까지 두루 경험할 수 있었던 성장의 시간이었어요. 떠나는 날, 많은 선배님이 응원차 함께해 주셨습니다.

오라클 환송회에서 ▲

처음 SaaS 비즈니스를
경험하게 된 어도비(2017~2019년)

어도비는 설명이 필요 없는 회사죠. 저는 DSM^{Distributor Sales} ^{Manager}이라고 하는 총판 담당자로 근무했어요. 총판은 어도비를 대신하여 고객 서비스와 마케팅, 파트너를 관리해 주는 곳이에요. 전략적으로 중요한 파트너이며, 어도비 채널 비즈니스

어도비에서 총판 교육할 때 ▲

어도비 고객 행사에서 ▲

의 핵심인 곳입니다.

총판에 전달해야 하는 새로운 내용이 늘 많았습니다. 바뀌는 정책들, 그리고 새로 나온 기능과 제품에 대해서 매번 정리하여 세션을 했어요. 발표할 일들이 많았는데, 자주 하면서 익숙해지고 잘하게 됐죠.

어도비 파트너 소프트 스킬 교육 중 ▲

이 외에도 파트너 교육, 고객 세미나 등을 기획하고 실행했습니다. 특히 저는 실질적으로 파트너들의 영업력을 향상할 방법을 고민했어요. 그래서 소프트 스킬 교육을 기획하고 실행한 적이 있습니다. 고가의 교육이었는데요. 파트너들도 그날만큼은 영업 활동을 접고 교육에 임해주어서 고마웠죠.

어도비 파트너 교육을 진행하면서 ▲

또한 파트너들과 분기별로 워크숍이나 플래닝 세션을 통해 창의적인 시장 접근 방법을 찾아내는 시간을 가졌습니다. 이러한 시간이 모여 효율적이고 실질적으로 매출 증가에 도움이 되는 아이디어들이 나왔어요.

그리고 파트너들이 전국에 있는 만큼, 각 주요 도시를 다니며 고객 세미나를 통해 파트너들의 영업 활동을 지원했어요. 대전, 광주, 부산 등을 다니며 세미나를 하면, 이러한 세미나가 낯선 지역 고객들이 많이들 참석해 주셔서 힘이 났습니다.

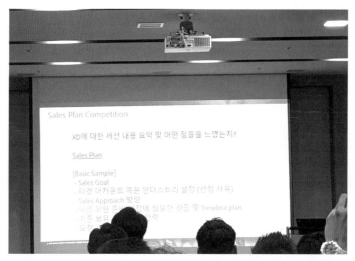

어도비 파트너 세일즈 워크숍을 진행하면서 ▲

어도비 지방 고객 대상 세미나 ▲

SW를 세상에 알리는
소프트웨어 비즈니스전문가

어도비와 MS의 협력 세미나 ▲

한국 어도비 사무실 ▲

어도비는 외국계 회사의 특성을 잘 가지고 있었어요. 회사도 이쁘게 잘 꾸며놓고, 직원들을 위한 행사도 다채롭게 많았습니다. 그런 재미가 있어서 회사를 더 즐겁게 다녔어요.

한국 어도비 사무실에서 연말 직원 행사 ▲

글로벌 IT 회사에 다니는 즐거움! SKO

어도비는 매년 12월, 전 세계에 있는 세일즈 직원들이 라스베이거스에 모여 1주일간 SKO^Sales Kick Off를 진행합니다. 회계연도를 11월에 마감해서, 12월에 Kick Off를 진행하는 거예요. 그래서 해마다 12월이면 연말 분위기와 SKO가 있어서, 다들 들뜬 마음으로 보내는 것 같아요.

어도비는 B2B 세일즈에 많은 투자를 하고 있어요. 회사 성장의 핵심인 전 세계 세일즈 직원들을 모두 라스베이거스로 불러 매년 1주일간 교육을 한다는 건 대단한 일인 것 같아요. CEO부터 모든 임원, 심지어 주요 고객사들도 참석하기 때문에 많은 인사이트를 얻을 수 있는 기회입니다. SKO에 참석하고 나면 새해에는 더 잘해야겠다는 생각이 저절로 들더라고요.

전 세계의 많은 세일즈 직원을 모두 비행기로 불러 호텔에 머물면서, 매끼 맛있는 음식을 제공하는데 과연 비용이 얼마나 들까요? 저는 상상도 되지 않는데요. 그만큼 글로벌 IT 회사에서 세일즈를 중요하게 생각하고 있다는 의미입니다.

어도비 Sales Kick Off 행사장에서 ▲

어도비 Sales Kick Off 행사장에서 ▼

어도비 Sales Kick Off 갈라 디너 ▲

어도비 Sales Kick Off 행사장의 수많은 직원 ▼

어도비 Sales Kick Off에서 Sales 교육 중 ▼

SKO에서는 전 세계 세일즈 직원들과 함께 교육에 참여하며 여러 가지 활동을 해요. 그러다 보면 서로 친해져서 개인적으로 연락하는 친구가 생기기도 합니다. 같은 회사에 다른 지역에서 근무하는 친구가 생긴다는 것은 일하면서 얻을 수 있는 또 다른 즐거움이죠.

Sales 교육 중 나눠준
티셔츠를 착용했다 ▶

SW를 세상에 알리는
소프트웨어 비즈니스전문가

새로운 출발, 커리어 2막의 시작

저는 해외에서 일하고 싶었어요. 그래서 기회를 찾고 있었죠. 어도비에서 만족스러운 회사 생활을 하고 있었지만, 한 단계 더 도약하기 위해서 변화가 필요하다고 느꼈어요.

그러다가 드롭박스 싱가포르에서 한국, 대만 등을 담당할 사람을 채용한다는 이야기를 들었어요. 내부 추천을 받아 지원하게 되었습니다. 총 일곱 번의 면접을 보고 어렵게 합격했는데, 그때 제일 먼저 든 생각은 영어를 공부해야겠다는 것이었어요. 그래서 합격 후에 바로 하와이로 어학연수를 떠났습니다. 싱가포르로 가기 전까지 남은 두 달 동안을 저는 영어 공부에 모두 투자하기로 했어요.

영어 공부를 시작하기에 늦은 줄 알았는데, 하와이의 어학원에는 성인반이 다섯 개가 넘게 운영 중이었어요. 다양한 국적의 사람들이 회사를 옮기거나, 휴식기를 가지면서 영어를 배우고 있었습니다. 사진은 영어학원에서 만난 스위스 친구인데, 은행을 다니다가 그만두고 재충전과 영어 공부를 위해 하와이에 왔다고 하더라고요.

제가 하와이에서 머물렀던 에어비앤비입니다. 매일 자전거를 타고 학원에 가고, 오후에는 관광을 다니며 즐겁게 생활했

하와이 영어학원에서 만난 스위스 친구 ▲

영어학원 같은 반 친구들 ▲

하와이에서 혼자 지내던 숙소 ◀

SW를 세상에 알리는
소프트웨어 비즈니스전문가

어요.

　가족들도 함께 일주일 정도 하와이에 머물면서 즐겁게 보냈어요. 해외로 이주하기 전에, 가족 모두가 재충전할 수 있는 시간이 주어져서 너무나 좋았습니다. 아이는 하와이가 너무 좋았는지, 아직도 그때 이야기를 하곤 합니다.

하와이 다이아몬드 헤드에서 가족사진 ▶

싱가포르에서의 시작

아이의 학교와 아내의 직장이 아직 정리되지 않아서 저만
먼저 싱가포르에 오게 되었습니다. 회사에서는 한 달 동안 머
물 수 있는 서비스 아파트먼트를 제공해 주었어요. 방이 두 개
에 거실도 넓어서 편안하게 지낼 수 있었죠. 첫날 숙소에 도착
하니 앞으로 다가올 날들에 대한 기대와 두려움이 한꺼번에
몰려왔어요.

싱가포르에서의 첫 숙소 ▲

본격적인 집 구하기 시작

회사에서 부동산 에이전트를 연결해 주었어요. 둘째 날부터 바로 집을 구하기 시작했습니다. 먼저 제가 가진 예산과 바라는 부분들을 얘기하면, 거기에 맞춰서 에이전트가 살펴볼 집들을 골라서 저에게 보여줬어요. 저는 일단 신축을 원했고, 도심지에 지하철역이 가까운 곳을 원했습니다. 1년은 혼자 살 예정이었기에 큰 집은 필요 없었어요.

심가포르에서 부동산 에이전트와 집 보는 중 ▲

싱가포르 도심의 콘도 ▲▶

　처음에는 부동산 에이전트가 오래된 집만 보여줘서 강하게 불만을 어필했습니다. 그 후부터는 신축만 보여줘서 그중에 제일 조건이 좋은 곳으로 고를 수 있었어요. 해외로 이주할 때, 현지에 대한 정보가 충분하지 않은 상황에서 집을 구하는 게 쉽지 않다는 걸 알게 되었죠. 어느 동네가 살기 좋은지 등에 대한 정보를 미리 공부하길 권해드려요. 그래야 에이전트와의 대화를 이끌어갈 수 있어요.

싱가포르에서의 첫 회식

아직 출근 날짜가 정해지진 않았지만, 회사에서 팀을 먼저 소개하겠다고 해서 회사에 나갔어요. 당시 회사는 Marina One 이라는 멋진 건물에 사무실을 갖고 있었는데요, 페이스북, 넷플릭스 등의 APAC 본사가 이 건물에 모여 있었습니다. 정말 멋진 건물이에요. 당시 잠깐 싱가포르에 들어온 가족과 함께 초대받아서 갔고, 회식도 같이 참석하게 되었어요.

싱가포르 사무실이 있던 마리나 원 ▲

사무실이 있던 마리나 원 빌딩 ▲

사무실 앞에서 가족사진 ◀

싱가포르의 첫 회식을 가족과 ▼

SW를 세상에 알리는
소프트웨어 비즈니스전문가

입사 후 첫 교육을 샌프란시스코 본사에서

입사하고 한 달 만에 샌프란시스코에서 첫 교육을 받게 되었어요. 본사가 있는 샌프란시스코는 제가 소프트웨어 비즈니스를 시작한 이후, 거의 매년 출장으로 방문하고 있는 도시가 되었죠. 드롭박스 본사는 Oracle 파크라고 하는 야구장 근처에 있고, 좋은 시설과 훌륭한 직원 식당으로 유명해요. 그래서 저도 가기 전부터 기대가 컸습니다. 세 개의 빌딩을 연결해서 모두 쓰고 있어서 규모가 상당했어요.

본사 앞에서 찍은 사진 ▲

SW를 세상에 알리는
소프트웨어 비즈니스전문가

사무실의 모습 ▲

가족을 위한 패밀리룸 ▲

회사 내 음악 연주실

창의력을 위한 생각의 방 ▼

사무실 내의 댄스 게임 머신 ▲

회사 내에는 직원들을 위한 공간이 잘 준비되어 있었어요. 놀라울 만큼 넓고 다양한 공간들이 있었습니다. 운동을 위한 헬스장과 도서관, 그리고 창의력을 키우는 생각의 방이 있었어요. 그리고 각 층의 라운지에는 온갖 음료와 간식이 준비되어 있었고요. 싱가포르의 오피스도 좋았는데, 비교할 수 없을 만큼 더 좋았죠. 가장 부러웠던 건 바로 직원 식당이었어요.

6층과 7층, 두 층으로 이루어진 직원 식당 ▲

직원 식당에서 먹었던 점심. 피자와 햄버거를 한 번에! ▲

직원 식당의 디저트 코너 ▼

정말 컸던 직원 식당의 규모 ▲

SW를 세상에 알리는
소프트웨어 비즈니스전문가

그리고 본사에서 있었던 행사에 참석

서양 문화인 스탠딩 파티가 있었어요. 모두 한 손에는 샴페인 잔을 들고 편하게 이야기를 나눴습니다. 이런 문화가 낯설었지만, 같은 회사의 동료로서 서로에게 궁금한 것들을 물으

메인 식사 전 리셉션 ▲

저녁 식사 장소 ▲

며, 즐거운 저녁 시간을 보냈어요. 한국과 다른 문화들을 경험할 수 있다는 것도 즐거운 일인 것 같아요.

새로운 보금자리로의 이사

싱가포르에서 집을 계약하고 새로운 집으로 이사하게 되었습니다. 계약이 잘 되었는지, 집을 제대로 선택한 것인지 두려웠지만, 회사에서 소개해 준 에이전트를 믿고 이사할 수 있었어요. 그리고 회사에서 필요한 것들을 모두 처리해 주어서 비교적 쉽게 이사를 마칠 수 있었죠. 제가 이사를 한 곳은 Newton이라는 곳으로, 사무실까지 한 번에 가는 블루라인 지하철이 있는 곳이었습니다.

싱가포르에서 정착하게 된 Newton의 콘도 ◀

본격적인 업무의 시작

이사와 교육이 마무리되면서, 본격적으로 일을 시작하게 되었습니다. 한국으로 출장을 가서 제가 직접 짠 전략을 파트너들에게 전달하고, 한국 시장에서 처음으로 B2B 영업을 시작했어요. 다행히 많은 파트너사가 관심을 두고 비즈니스를 함께 하고 싶다는 뜻을 내비쳐줘서 첫 출장의 결실을 볼 수 있었습니다.

한국의 첫 번째 파트너 행사 ▼

일본으로의 출장

입사 3개월 만에 세일즈 플랜 미팅을 위해 도쿄를 찾았습니다. 모두 새롭게 시작하는 한국 시장에 대해 관심이 많아서, 제가 제일 처음으로 한국 시장에 대한 플랜을 발표했어요. 한국 시장에 관심이 많은 만큼 지원 방안에 대해서 논의하고 싶은 분들이 많았습니다.

일본에서의 팀 디너 ▼

일본에서의 출장 중 ▼

어려움의 시작, 코로나

싱가포르에 온 지 채 6개월도 되지 않은 시점에 코로나가 터졌습니다. 아직 가족들은 한국에 있고, 비즈니스가 한국에 있는 상황에서 저는 싱가포르에 갇히게 되었어요. 회사도 사무실을 폐쇄했고, 싱가포르의 생활도 필수 서비스를 제외하곤 모두 문을 닫는 상황에 이르렀어요. 집에 머무르는 것 이외에 할 수 있는 게 없었죠. 심지어 수영장도 이용을 금지했어요.

회사에서는 제 사정을 이해하고, 한국의 가족 곁으로 출장을 준비해 주었는데요. 당시 한국으로 가는 길은 쉽지 않았어요. 준비해야 할 서류도 많았고요. 비행기도 공항도 텅 비었고, 특히 출입국 절차가 복잡했습니다. 특히 입국할 때는 방역 요원들이 따라다니며 길목을 지켰고, 한국에서는 지정 보건소로 가서 다시 검사를 받아야 했어요. 그리고 나서도 2주를 격리되어 지냈습니다. 코로나가 발생한 해에 제가 격리로 보낸 시간을 따져보니 두 달이더라고요. 그래도 한국에서는 격리하는 동안 배달 음식을 먹을 수 있어서 다행이었죠. 공항에 내려서 검사를 받고, 모두 버스에 실려서 어디로 가는지도 모르는 길을 가게 됩니다. 그렇게 랜덤하게 배정된 호텔에서 2주간 지내게 되는데, 제가 배정받은 호텔은 오래된 호텔이었어요. 어떤

폐쇄된 콘도의 수영장 ▲

집 앞 슈퍼의 사재기 현장 ▲

사람들은 5성급 호텔을 배정받아서 편하게 격리 생활을 했다는데, 저는 고생을 좀 했습니다. 가는 버스 안에서 좋은 호텔이 걸리길 기도하고 기도했는데, 운이 없었죠.

2주간 격리하는 중에도 일은 해야 했어요. 창문도 열리지 않아서 정말 답답한 2주였습니다. 가족들이 기본적인 것들을 호텔에 가져다주어서 불편한 가운데 그나마 견딜 수 있었어요.

굳게 닫힌 쇼핑몰 문 ▲

팀이 보내준 고마운 식량들 ▲

또 팀이 여러 가지 먹을 것을 택배로 보내주어서 너무 감동했어요. 글로벌 비즈니스는 코로나 이전과 이후로 크게 바뀌었다고 생각합니다. 이런 위기 상황에서 온라인을 통한 미팅이 광범위하게 퍼지고, IT 기술에 대한 의존도가 더 커지게 되었어요. 저는 출장이 너무 힘들었지만, 반면에 우리 회사의 매출은 올라갔습니다.^^

해외에서 일하는 즐거움

싱가포르에서 일하면서 한국과는 다른 문화들을 접하게 되었습니다. 이런 점들이 아마도 외국에서 일하는 큰 즐거움 중의 하나라고 생각해요.

중국문화로 새해에 귤을 선물하더군요 ◀

새해맞이 사자춤 ▼

점심으로 자주 먹었던 인도 음식 ▲

그리고 한국에서 접하기 어려운 음식들을 먹으러 다니면서 싱가포르에 오길 잘했다는 생각을 많이 했어요. 회사에서는 팀원들이 좋아해서 태국 음식이나 인도 음식을 자주 먹었고,

싱가포르 직장인의 최애 점심 메뉴인 치킨라이스 ▲

가끔 혼자 먹을 땐 치킨라이스를 많이 먹었어요. 싱가포르의
높은 물가 때문에 직장인들이 제일 만만한 게 치킨라이스거든
요. 5,000원 정도에 식사를 해결할 수 있고, 맛도 좋습니다.

딸이 다니는 국제학교, 글로벌한 환경을 제공한다 ▲

　해외에서 일하면서 가장 큰 소득은 가족과의 시간입니다. 아이와 아내와 함께 많은 시간을 보내고, 여행도 자주 다니면서 많은 추억을 만들 수 있었다고 생각해요. 아이도 국제학교에서 언어뿐 아니라 외국 친구들을 사귀고, 여러 가지 스포츠를 즐기며, 싱가포르 생활을 만끽하고 있어요.

수영장 있는 집에 살아서 좋다는 딸 ▲

SW를 세상에 알리는
소프트웨어 비즈니스전문가

회사를 대표하는 역할

드롭박스에 오면서 제가 처음으로 해본 역할이 회사를 대표하여 기자 간담회에서 이야기하고, 인터뷰하는 일이었습니다. 한국의 영업을 대표하는 중요한 역할인 만큼 이 부분도 충분히 교육받았고요. 그 후 회사와 관련된 한국 기사에는 제 코멘트가 실리게 되었고, 관련하여 칼럼도 쓰고, 매년 기자 간담회도 하고 있어요. 개인적으로 성장할 수 있는 기회가 되었습니다.

2023년 드롭박스 기자 간담회 ▼

2023년 드롭박스 기자 간담회 ▲

2023년 기자 간담회 중 ▼

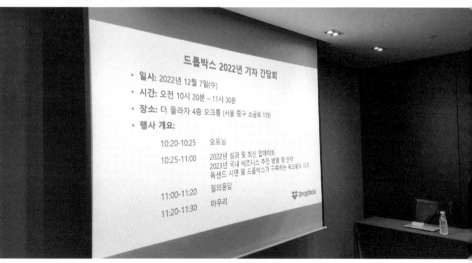

SOFTWARE
BUSINESS

이 책을 마치며

ⓟ 이제 마무리할 시간이에요. 마지막으로 소감이 어떠세요?

ⓠ 이 책을 쓰면서 저도 제가 하는 일에 대해서 되돌아보는 기회가 되었습니다. 제 경험과 지식을 정리하고 공유하는 과정에서 소프트웨어 비즈니스의 과정과 중요성에 대해서 다시금 깨닫게 되었어요. 무엇보다 이 책을 읽을 청소년들에게 새로운 가능성을 제시하고, 제 경험을 공유할 수 있어서 영광이었습니다. 소프트웨어 비즈니스에 관심을 가진 청소년들에게 이 책이 유용한 자료가 되길 바라며, 진로에 대한 고민을 조금이나마 덜어줄 수 있으면 좋겠습니다. 앞으로 저도 계속 공부하고, 제가 알고 있는 것들을 나누며 한국에 있는 후배와 학생들에게 도움이 되는 사람이 되어야겠다고 다짐할 수 있는 시간이었습니다.

ⓟ 이사님은 자신이 하는 일에 대한 자부심이 큰 분 같아요. 이 책의 결론을 한 줄로 표현한다면 어떤 문장일까요? 왜 이 한 문장인지, 이 책을 읽는 청소년이 마지막 장을 덮으며 어떤 생각을 하기 바라는지, 이야기해 주세요.

ⓠ '도전하고 실행하라'라는 문장이 이 책을 통해 남았으면 좋겠습니다. 꼭 소프트웨어비즈니스전문가가 아니더라도 본인이 원하는 분야가 있다면, 과감하게 도전했으면 좋겠습니

다. 우선 도전해야 결과가 생기니까요. 그리고 생각보다 세계의 문은 높지 않고, 누구나 도전할 수 있다는 사실을 꼭 기억해 주었으면 합니다. 세상에 많은 직업이 있지만, 어디서 어떻게 시작하느냐에 따라 삶은 완전히 달라집니다. 중요한 만큼 과감히 도전해 보고, 세일즈(영업)라는 직무에 대해서도 많은 관심을 두었으면 합니다. 단순해 보이고, 가치가 작아 보일 수 있다는 것을 잘 압니다. 하지만 기업에서 가장 중요한 부분 중 하나이며, 성과로 보상받는 직무이기에 본인이 실행력이 강하다면, 꼭 도전해 보는 것을 추천해 드립니다.

편 많은 사람을 만나다 보면, 관계 속에서 어려운 부분도 있을 것 같아요. 힘들게 하거나 만나기 싫은 사람을 대하는 이사님만의 노하우가 있을까요?

권 맞습니다. 모든 관계가 다 좋을 수는 없더라고요. 이러한 관계를 잘 극복하는 것은 저에게도 쉬운 일은 아니었습니다. 하지만 끊임없이 노력하고 있습니다. 비즈니스라는 명확한 목표를 위해 만났기 때문에, 그 부분에 집중한다면 관계가 편해지기 마련인 것 같습니다. 특히 명절이나 생일처럼 연락하기 좋은 때에 안부라도 묻게 되면 나중에 훨씬 부드럽게 대할 수 있게 되는 것 같습니다.

편 다시 태어나도 이 직업을 선택하실 건가요?

권 기발한 아이디어로 IT 기업의 창업자가 되어보고 싶기도 합니다.^^ 하지만 제가 코딩에는 재능이 없어서, 아마도 다시 이 직업을 선택할 것 같습니다. 그리고 더 빨리 해외로 나가서 열정적으로 도전해 보고 싶습니다. 지금도 APAC 총괄을 해보는 것이 꿈인데요. 다시 이 직업을 시작할 기회가 생긴다면, 이미 APAC 총괄이 되어있지 않을까요? 너무 기분 좋은 상상이네요.

편 네. 긴 시간 감사합니다. 우리 청소년 여러분이 세계 무대로 한발 더 나아갈 수 있는 직업의 세계를 소개할 수 있어서 저도 너무 즐겁고 뜻깊은 시간이었습니다. 어떤 특별한 자격이 없어도 누구나 도전할 수 있다는 점이 너무 매력적이네요. 이 책을 읽는 청소년 여러분의 세상이 더 넓어지고, 세계 무대에서 활약할 인재로 날아오르길 기대하며 잡 프러포즈 소프트웨어비즈니스전문가 편을 마칩니다. 상상하는 대로 만들어지는 소프트웨어처럼 우리 청소년들도 꿈꾸는 그대로 자신의 미래를 만들어가요. 세계를 무대로! GO! GO!

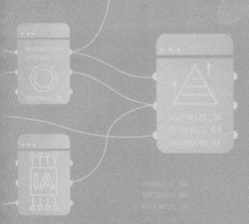

SOFTWARE
BUSINESS

❶ 현재 본인이 사용하고 있는 소프트웨어들을 모두 나열해 보세요. 제조사가 어디인지, 어떤 용도로 쓰고 있는지에 대해서 엑셀에 정리해 보세요.

❷ 하나의 소프트웨어를 선택하여 장단점과 기능상 개선할 부분, 그리고 경쟁사에 대해 분석해 보세요.

❸ 마케팅 캠페인 기획안을 작성해 보세요.

가상의 솔루션이나 현재 시중에 있는 소프트웨어 중 하나를 골라, 제품의 마케팅 캠페인을 기획해 보세요. 타깃 고객과 어떠한 메시지를 부각할지에 대해 고민해 보세요.

❹ 제품 제안서를 만들어보세요.

하나의 소프트웨어를 학교에 판매한다고 가정하고 제안서를 만들어보세요. 학교의 업무에 대한 특성과 현재의 문제점을 파악하고, 이 문제를 어떻게 해결할 수 있는지에 대한 해결 과정을 도출하면 됩니다.

❺ 롤 플레이를 해보세요.

친구와 함께 세일즈 직원과 고객으로 역할을 나누어 롤 플레이를 해보세요. 어떤 소프트웨어로 할지도 정하고, 특정 산업군의 특정 고객사를 선택하여 조사한 후에 롤 플레이를 해야 합니다. 고객의 역할도 중요합니다.

청소년들의 진로와 직업 탐색을 위한
잡프러포즈 시리즈 71

SW를 세상에
알리는 **소프트웨어
비즈니스전문가**

2024년 4월 10일 초판1쇄

지은이 | 권준혁
펴낸이 | 유윤선
펴낸곳 | 토크쇼

편집인 | 이정미
교정 교열 | 박지영
표지디자인 | 이든디자인
본문디자인 | 문지현
마케팅 | 김민영

출판등록 | 2016년 7월 21일 제 2019-000113호
주소 | 서울시 마포구 월드컵북로98, 2층 202호
전화 | 070-4200-0327
팩스 | 070-7966-9327
전자우편 | myys327@gmail.com
ISBN | 979-11-92842-79-0(43190)
정가 | 15,000원